Lecumberri,
el lado blanco
del Palacio Negro

Lecumberri, el lado blanco del Palacio Negro

Dalia Inés Nieto Jiménez

Para realizar pedidos de este libro, contacte con:
Palibrio
1663 Liberty Drive
Suite 200
Bloomington, IN 47403
Gratis desde EE. UU. al 877.407.5847
Gratis desde México al 01.800.288.2243
Gratis desde España al 900.866.949
Desde otro país al +1.812.671.9757
Fax: 01.812.355.1576
ventas@palibrio.com
619815

ÍNDICE

Capítulo I

Una mañana de octubre llegó Roberto a la enorme panadería de su nuevo lugar de residencia. Le costaba trabajo creer que estaba en ese palacio que conocía tan bien por fuera. Había vivido siempre en una vecindad frente a esa soberbia construcción porfiriana con almenas y un enorme portón que no permitía ver nada de su interior y a donde lo habían llevado mes y medio atrás.

Sólo un gran jardín donde jugó desde niño separaba su hogar de ese castillo que ya no le parecía interesante y bello, sino un manicomio del que quería salir (esa mañana le habían encargado cuidar unas cajas llenas de pan).

De pequeño llegaba a ese jardín por las tardes, con la ruidosa chiquillería del barrio, al tiempo que regresaban cientos de pájaros que, con su delicioso escándalo de piares, parecían contagiarse de la alegría de los niños que jugaban con trompos, canicas, huesitos de chabacano. Roberto dominaba el trompo: lo podía hacer girar sobre la tierra, sobre la cuerda y sobre la mano. Siempre traía la bolsa del pantalón de peto llena de las canicas que ganaba.

En una ocasión, él y otros niños se habían unido a un grupo de asombrados y curiosos vecinos a las puertas del palacio para presenciar la cuerda de sentenciados que enviaban a las Islas Marías. Cuando se abrió el monumental portón para dar paso a los tres vehículos que llevarían a los prisioneros al tren que iba a Nayarit, muchas mujeres estaban llorando, algunos presos chiflaban para llamar desde la julia[1], a su mujer o a su madre para despedirse. —Ahí está, es aquél— se oía de repente.

En 1955, Roberto tenía veinte años y estaba allí en la panadería de Lecumberri, el Palacio Negro. Era un joven inquieto, que sólo había terminado la escuela primaria; en su ambiente, eran pocos los que podían estudiar más: era necesario trabajar. Le gustaba mucho la música y disfrutaba la emoción de las luchas, que veía los viernes en el televisor de la lonchería de don Porfirio, mientras comía una torta de milanesa con una Lulú roja. A la cabeza de sus ídolos estaba Black Shadow, seguido por el Santo, Blue Demon, Enrique Llanes, Pancho Valentino, a quien conocería después en Lecumberri. También admiraba al Cavernario Galindo, aunque era de los rudos. Disfrutaba sus viernes y, junto con otros aficionados, gritaba, se emocionaba y se enojaba con los tramposos.

No le gustaba el pleito y era orgulloso, tanto que su hermano Luis, un año menor, le cantaba para molestarlo: "Las torres que en el cielo se creyeron un día cayeron en la humillación", porque le gustaba vestir lo mejor que podía y a veces usaba sombrero. Lecumberri era parte de su barrio, en ese entonces a las afueras de la ciudad de México, y si alguna vez se detenía a contemplarlo era para admirar su belleza.

Sin embargo, nunca pensó encontrarse ahí dentro y ahí estaba esa mañana, en la panadería de la cárcel, donde cuidaba las cajas con el bolillo recién horneado, ya contado para repartirse entre los cuatro mil presos que ocupaban las crujías. Roberto observaba. Había llovido mucho la noche anterior y el agua se había salido por las coladeras de aquella enorme panadería de piso de cemento. Los panaderos trabajaban sobre unos tablones colocados para evitar que resbalaran con el engrudo que se había formado con la harina que caía al piso mojado. Había cuatro enormes hornos que funcionaban con chapopote. Las paredes y los vidrios se veían pardos, ennegrecidos por el cochambre acumulado. Sobre el olor, mezcla de humedad y de petróleo quemado, predominaba el aroma del pan recién salido del horno. Roberto miraba el dorado perfecto del pan en las cajas y la ceja abierta del bolillo bien hecho y luego su vista recorría esa panadería tan grande como inhóspita.

—Si lavaran aunque sea los vidrios…

---

[1] vehículo cerrado en el que se conduce a los presos.

Pensaba en eso cuando vio que se acercaba un muchacho que decía llamarse Pancho López. Era común que los presos que ya habían entrado varias veces a la cárcel se inventaran nombres como Juan Camaney, Pachito el Che, Arrejunta Tejelipe, Black Demon. Pancho le preguntó por qué estaba ahí.

—Estoy en la D, acusado de homicidio —dijo Roberto— pero no hice nada, soy inocente.

La sonrisa burlona de su interlocutor le molestó un poco, pero continuó.

—Soy panadero.

¿A poco sabes qué se le pone a la revolvedora para hacer el pan?

—Claro, soy maestro panadero.

—Ay, sí, y ¿por qué estás de fajinero, entonces?

—No sé, yo le dije al jefe de fajineros que soy panadero, pero me dijo que me pusiera a lavar los baños y que si no me parecía que me fuera a mi crujía a chingar a mi madre y, la verdad, yo lo que quiero es trabajar, no soporto estar todo el día sin hacer nada. Ahora me dejó para cuidar estas cajas, luego voy a acarrear bultos de harina y después a seguir limpiando.

Habían solicitado al mayor de la crujía D una persona para la panadería, Roberto creyó que lo mandaban como panadero, pero necesitaban un fajinero.

— ¿En serio sabes hacer los bolillos como esos? —insistió Pancho López, señalando la línea de panaderos que estaba cerca de ellos. Tomaban un poco de masa y formaban los bolillos—. Pues claro, dijo Roberto.

— A ver, acércate y haz uno.

— No quiero problemas, me dejaron a cuidar esto.

—Ándale, acércate, yo cuido las cajas.

Se acercó finalmente Roberto al ancho tablero que contenía los tantos, o porciones de masa; había cinco panaderos de cada lado. El maestro colocaba a los mejores en las puntas del tablero, junto al que acomodaba en otro tablón el bolillo formado que reposaría antes de entrar al horno. Parecían máquinas humanas hacedoras de pan por la precisión y rapidez. Con una facilidad y velocidad que asombraron a Pancho y a los otros panaderos, Roberto hizo el primer bolillo y luego otro y otro. El maestro se dio cuenta y le pidió al jefe de fajina que buscara otro para limpiar, pues necesitaba panaderos buenos y rápidos.

Esa noche se sintió más tranquilo, la experiencia en la panadería calmó un poco la preocupación por su situación. Llegó a la celda que compartía con otros dos presos. Sólo había una cama, donde dormía don Felipe, hombre como de cincuenta años; Juanito, el chalán de don Felipe, y él dormían en el suelo. Extendió su cobija, se sentó y se dijo:

— Dormir en el suelo es lo que menos me preocupa. He dormido hasta en un tablón sobre dos botes en la panadería. Es mejor que esto no me importe.

Después del toque de silencio, todo quedó en calma.

— Al menos Juanito tiene este lugar limpio —pensó y empezó a reconstruir mentalmente qué lo había llevado a Lecumberri.

Estaba confundido. En sólo unos días, la rabia, la indignación y el temor habían logrado que de sus ojos escurriera la impotencia que mojaba su rostro, lujo que su orgullo no le permitía desde niño. En sólo unos cuantos días se le quebró la alegría.

Para Roberto los días eran para trabajar y las noches para dormir y descansar y no dejaba que los problemas le quitaran el sueño: los resolvía a la luz del día. Quería pensar en lo sucedido, pero se quedó dormido.

Soñó que caía una tormenta sobre los peregrinos al Santuario de Chalma una noche, en el monte. Él, su madre, su abuela y sus hermanos que iban en la peregrinación, se encimaban como un racimo de plátanos bajo una tienda hecha de tela y un palo para refugiarse del agua. Llegaron por él cuatro muchachos, pero no podía ver sus rostros en la oscuridad.

—Adonde vamos no llueve, ven, te va a gustar —le dijeron. Salió y caminaba con ellos cuando un relámpago iluminó los rostros de todos y vio que esos cuatro eran iguales al Cavernario Galindo, con una melena crespa y alborotada, cubiertos sólo con una piel de animal y una expresión de fieras furiosas. Sintió miedo y quiso regresar, pero no pudo, los cuatro lo habían amarrado de cada extremidad y lo jalaban, alejándolo de su familia y la peregrinación. Subían y subían, él intentaba gritar con todas sus fuerzas pidiendo ayuda, pero no le salía ningún sonido de la garganta. Llegaron a la orilla de un acantilado, los cuatro soltaron las cuerdas con que lo sujetaban y lo echaron al vacío. Roberto caía dando vueltas en el aire y su pánico crecía tanto que despertó sobresaltado, jadeando y tembloroso.

Capítulo II

Al menos voy a trabajar en la panadería, pensó Roberto esa noche y recordó cómo conoció el oficio de panadero. Tenía once años, vivía con su abuela y sus hermanos menores, Luis, Pedro y Carmen. Necesitaba cuadernos, juego de geometría, lápices de colores y un suéter para entrar a sexto de primaria y decidió pedirle trabajo a un panadero que vivía en la misma vecindad.

Don Memo pasó por él a las cinco de la mañana ese primer día, el niño estaba terminando de peinarse, salió corriendo y escuchó:

—A la hora que pase tienes que estar listo en la puerta, no quiero flojos que me quiten el tiempo.

—Sí, don Memo —contestó— Con razón le dicen Memo el Verde, de veras es enojón —pensó en aquel entonces.

El recuerdo quiso traer a su cara una sonrisa que se quedó en una mueca y volvió a verse de niño haciendo con entusiasmo lo que le ordenaron aquel día. Al terminar el turno le pagaron y le dieron sus bolillos calientitos. No tuvo que esperar una semana o una quincena para ver la recompensa del trabajo.

Hay jerarquías en este generoso oficio que hace llegar el pan tanto a las mesas cubiertas de lino como a las que cubre un floreado mantel de plástico. El primer puesto es el de chamaco, el que hace los mandados, ayuda a todos y se va enterando de lo relacionado con la elaboración del pan. Ése fue el primer puesto de Roberto. Compraba los ingredientes para la comida de los panaderos. Aprendió pronto, ponía bisteces con cebolla, jitomate y chile verde con un puño de manteca y sal en la charola y la metía al horno. Todos disfrutaban estos manjares con sus bolillos calientes tomando su parte del plato común que era la misma charola. Este chamaco limpiaba las hojas donde se horneaba el bizcocho y aprendió a recibir del horno el pan ya cocido. Tenía cerca de un mes trabajando, cuando una tarde, para meter el pan al viejo horno, jaló la palanca que elevaba la pesada puerta de hierro ardiente. Como ya no funcionaba bien, le puso el bastoncillo de madera que se usaba para atrancar esa especie de boca negra del horno y evitar que se cerrara mientras se metía el pan. Metió la hoja con las magdalenas y los bisquets, pero se cayó el bastón de madera, dejando caer la puerta sobre dos dedos de su mano izquierda, que le hubieran sido cortados por la pesada puerta de no haber estado el bastón caído junto a su mano, que amortiguó el daño. Las quemaduras fueron importantes y dejaron cicatrices, pero los otros panaderos le pusieron clara de huevo en la mano, para aliviar un poco el ardor y siguió trabajando.

Detuvo sus recuerdos sentado en el suelo sobre su cobija y recargado en la pared de la celda a la que apenas entraba un poco de luz de fuera que le permitió ver las cicatrices en sus dedos.

—Más que las quemaduras, me dolió sentirme lastimado y no poder llorar ni quejarme— se dijo.

Cerró los ojos y volvió a su recuerdo. Sólo reunió lo que necesitaba para sus útiles y dejó el trabajo. No podía continuar, quería terminar la primaria y el horario de la escuela no le permitía seguir en la panadería. Pero como entraba a clases a la una de la tarde, consiguió otro empleo por la mañana con don Enrique, el Tacos Fain Fain, que tenía un puesto de tacos de guisado frente a la entrada de la penitenciaría. Tenían mucha demanda esos tacos. Como a las once de la mañana un enjambre de trabajadores rodeaba el puesto.

A Roberto le tocaba vender las aguas frescas.

— Ya lavé los vasos y las charolas vacías, don Enrique, ya me voy a la escuela.

— Hazte tu torta de chorizo con huevo o de salpicón y nos vemos mañana.

En ese trabajo Roberto conoció a María Luisa Casteleiro, empleada de la cárcel, que también compraba sus tacos a este buen señor. Roberto observó que esa muchacha siempre pedía agua de jamaica y la servía en cuanto la veía. Era una joven mujer que trabajaba en un ambiente militar de custodios, presos, y reglamentos, siempre seria y de pocas palabras y él, un chiquillo que no entendía por qué esa mujer tan formal le sonreía, pero le gustaba atenderla. No podía imaginarse en ese entonces qué importante iba a ser ella para él.

En 1947, al terminar la primaria, tenía doce años y buscó a su padre, Dimas Romero, presidente de una cooperativa de panaderos. Sabía dónde encontrarlo y que tenía una mujer y otros hijos. Sólo quería que le diera trabajo, no sabía por qué nunca habían vivido juntos, ni quería averiguarlo, sólo sabía que con él podía conseguir trabajo. Se habían visto en unas cuantas ocasiones. No lo rechazaba ni lo juzgaba. Se miraron. Experimentó una mezcla extraña de gusto y rechazo al ver que se estaban pareciendo mucho físicamente.

— Ya terminé la primaria, papá y necesito trabajar.

— Ven, te voy a presentar al maestro del Cóndor, para que empieces hoy mismo.

— Ahoritita regreso, le voy a avisar a mi abuelita.

Tampoco vivía con su madre, pero la veía llegar casi a diario llevando algún alimento o dinero a casa de su abuela. También se llamaba María Luisa y Roberto, su primogénito, llegó al mundo cuando ella tenía quince años. Tenía dos puestos en un mercado. En temporada navideña compraba cientos de ollas de barro y papel de china de todos colores y todos le ayudaban a confeccionar piñatas y pintar figuritas de barro para el nacimiento. También adornaban macetas con pedacería de platos, que María Luisa recogía en costales a las afueras de El Ánfora, la fábrica de loza, que estaba a espaldas de Lecumberri. No había mimos, pero sabía que su madre y su abuela lo querían. Así vio llegar a tres hermanos a ese hogar cobijado por dos guerreras, donde el trabajo era determinante. Siempre agradeció que su padre le hubiera enseñado a ser bueno en el arte de la panadería.

Cuando era niño panadero y le tocaba el turno de la noche llegaba poco antes del amanecer a descansar. Ganaba tres pesos: le daba uno a su abuela, otro a su mamá y se quedaba con uno; así decidió que debía distribuir lo que le pagaban y empezó a ser tratado como el hombre de la casa cuando aún creía que existía el gendarme sin cabeza, de quien su abuela decía que rondaba por las noches en el jardín. Ella le preparaba en su estufa de petróleo de dos quemadores, frijoles refritos en una cazuelita de barro, bistec con mole, o huevo en salsa y café negro que acompañaba con el pan caliente que él mismo había hecho.

Recuerda una madrugada cuando regresaba del trabajo y al dar vuelta en la esquina de su casa se llevó un terrible susto porque escuchó el silbato del gendarme sin cabeza — turirú, turirurirú… — pero el gendarme tenía cabeza, su abuelita había mentido.

El hombre de la casa tenía doce años y cuando, al terminar el turno de la noche, iba con los panaderos a alguno de los muchos cabarets que había en la zona, cuidaba el pan de sus compañeros mientras ellos entraban a bailar. A él todavía no lo dejaban entrar. Sentado en la banqueta se asomaba para ver los pies de los bailadores.

Roberto llegó a ser maestro muy joven. Maestro es el que ya domina la preparación de la masa para los diferentes tipos de pan, el tiempo de reposo, cómo se comporta la masa si hay frío o si hay calor, la temperatura adecuada del horno, el tiempo de horneado. Tenía quince años y ya se sabía que era un buen maestro panadero. En esta época conoció a Clementina, dos años mayor que él, una joven de breve cintura, muy parecida a María Antonieta Pons, hermosa rumbera cubana a quien Roberto admiraba en las películas que veía en la matiné del cine Acapulco. El padre de la muchacha, don Manuel, tenía una panadería y en una ocasión los panaderos no se presentaron a trabajar. La masa estaba lista para la elaboración del pan. La madre de Clementina vio a Roberto, que ayudaba a bajar instrumentos musicales y bocinas de una camioneta. Eran de un grupo musical al que se había unido. La señora sabía que era buen panadero y le pidió ayuda. Roberto fue por un amigo que tenía el mismo oficio para que fuera su ayudante e hicieron todo el pan. Se quedó a trabajar allí. Le emocionaba ver a Clementina, quería armarse de valor y pedirle que fuera su novia, como se acostumbraba entonces, pero él tan arrojado para todo, no quería exponerse al rechazo. Pensaba principalmente en que él tenía quince años y ella diecisiete, tan linda, tan risueña, tan bien formada. Ni él mismo sabe cómo lo logró, pero fueron novios, se veían a diario, ella despachaba el pan, cobraba, limpiaba, los dos trabajaban duro y disfrutaban su compañía, crecían juntos. La mamá de la novia los mandaba a misa los domingos y a veces salían a alguna fiesta del barrio con las hermanas de Clementina.

Cuatro años duró este noviazgo, hasta que un muchacho mayor que Roberto le ofreció matrimonio a Clementina y todo acabó, su novia se casó con otro.

Se detuvo de nuevo la cinta de sus recuerdos y en aquella celda se escuchó un suspiro.

—Me dolió, Clementina —dijo Roberto, muy bajito. Sólo se escuchaban los pausados y tranquilos ronquidos de don Felipe.

—Me dolió ir viendo cómo te interesabas por ése por el que te perdí. Cuando vi que estaba invitado a aquella fiesta en tu casa y cómo lo veías, me convencí de que te había perdido. Nunca sabrás lo que me dolió saber que te ibas a casar. ¿Te acuerdas de la golpiza que me dieron aquel quince de septiembre por culpa del Dulcero y el Noqueador, chaparrita?

—Éramos seis los que salimos de la lonchería a la fiesta de Cuca, que se había terminado cuando llegamos. Nos regresamos todos y pasamos por otra vecindad donde había otro festejo. ¡Ay, esos quince de septiembre! En un zaguán estaban dos muy borrachos que nos gritaron: — ¡Adiós, bola de güeyes! —Ese Dulcero ni siquiera lo pensó y con el Noqueador se les echaron encima. Empezaron a salir los de la fiesta y se armó la bronca. Yo estaba parado junto a una puerta y una señora me dijo: Váyase joven, váyase. Vi salir al Pelón y, como lo conocía, quise calmarlo y evitar que entrara en la pelea, pero me recibió pegándome con un palo en la cabeza, me atontó y cuando levanté la cara, me volvió a dar con el palo. Quedé de rodillas y otro me lanzó un patadón a la cara, pero me dio en el pecho, tan fuerte que sentí que no podía respirar. Ya no me pude levantar, me tapaba la cara con los brazos porque muchos se amontonaron a patearme. Sentí que ya no podía más y tuve miedo de morirme. Le pedí al Señor de Chalma que me protegiera, levanté la cara un instante y vi un hueco entre muchos pies, saqué todas mis fuerzas y me escabullí. Corría y otros me seguían, pero eran de los míos. Cuando paré, mi traje estaba sucio y maltratado, mi corbata y el cuello de la camisa llenos de sangre de la herida en la cabeza. Mis amigos me llevaron con el dueño de la lonchería, ya ves que es doctor, me quería llevar a la Cruz Roja, pero le pedí que me curara él. Me llevaron a mi casa, mi abuelita se dio cuenta de que iba herido y golpeado y ni siquiera había tomado. Se mortificó, me acosté y hasta que todo estuvo en calma, empecé a sentir lo fuerte de mis dolores, que se parecen a los que sentí en el alma cuando supe que preferiste a otro, Clementina, pero nunca lo sabrás. —Hablaba muy bajito y luego guardó silencio.

— Pero, ¿qué diablos hago aquí? ¿Qué pasó? —pensó.

Empezó a hacer un recuento de lo ocurrido en los últimos veinte días.

Eran como las nueve de la noche, faltaban unos metros para llegar a su casa el viernes catorce de septiembre de 1955 cuando le gritó Carmelo que venía cruzando el jardín, ese jardín de sus juegos infantiles y sus pájaros. Venía con tres muchachos que Roberto nunca había visto, pues eran del rumbo de la Merced.

—Quiúbole, Rober, ¿qué haces? —le dijo.

—Quiubo, Carmelo. Nada, ya me voy a acostar.

—Vente, vamos a echarnos una cerveza a la lonchería.

Por mucho tiempo se reprochó haber aceptado esa invitación. Carmelo era solo un vecino, ni siquiera su amigo, tenía fama de ratero y bravo, como tantos en su barrio. No quiso hacerle un desaire y no le disgustó la idea de ir a tomar una cerveza siendo viernes y la víspera de la noche del grito. Carmelo le presentó a sus amigos, pero Roberto apenas puso atención a sus nombres y fueron los cinco al encuentro del acontecimiento que cambiaría sus vidas. Todos entre los dieciséis y los veinticuatro años, juntos por primera vez.

Estuvieron tomando menos de una hora, ya empezaban a cerrarse los comercios cercanos, ya no tenían dinero y querían seguir tomando. Salieron y se detuvieron en la puerta del local, desde ahí vieron a la Muñeca que barría la banqueta frente a su tiendita. Carmelo dijo:

—Miren eso, está puesta, abusados, vamos, vente Rober. —Roberto entendió perfectamente que se trataba de asaltarla, ya estaba cerrada una de las puertas de su pequeño negocio y estaba sola.

—No, eso no, yo no le entro, dijo. Los vio caminar hacia la tienda, se puso nervioso, se acercó a la esquina cuando se detuvo un camión de pasajeros frente a él, bajaron Juan Pérez Sánchez, El Chato, un amigo panadero, y el hermano de éste y los tres vieron cómo uno de esos cuatro le echaba encima un suéter, o chamarra a la mujer y la empujaban hacia el interior del local.

—Se van a fregar a la Muñeca —dijo el hermano del Chato— voy por ayuda. Y corrió mientras el Chato y Roberto caminaron hacia la tienda, Roberto estaba asustado cuando llegaron frente a las puertas cerradas de ese lugar. Se detuvieron, ambos pegaron una oreja a la puerta, pero sólo se escuchaba música de la sinfonola, tocaron fuerte varias veces y nadie abrió. Siguieron caminando en la misma dirección, al llegar a la esquina voltearon y vieron que ya había un grupo de personas frente a la tiendita. El Chato echó andar hacia el grupo, pero Roberto no quiso seguirlo, tuvo miedo porque había estado con los que entraron a asaltar. No quería problemas, cruzó la calle y se alejó del lugar. —Ya hay gente que le ayude —pensó.

Caminó a la casa de Galo, su amigo rico de la colonia. El padre de Galo tenía una cantina llamada "La Potosina" y Roberto quería trabajar ahí, buscaba algo diferente a la panadería. Recordó que Galo le había dicho que habría una fiesta en su casa esa noche y fue a pedir a su amigo que lo recomendara. Estuvo un rato y se fue a la calle de Jesús María, llegó a La Pilarica para conseguir con sus compañeros panaderos unos centavos prestados. De vez en cuando visitaba alguno de los muchos cabarets de esa zona, que conocía desde niño. Había música, mujeres y alcohol. Mujeres viejas y jóvenes, de todos colores y diferentes precios, que cobraban desde diez centavos hasta un peso por bailar con ellas una canción y recibían una ficha por cada copa que les invitaban los parroquianos. Estas vendedoras de desahogo y fantasía preferían a los panaderos como clientes, pues sabían que ellos siempre traían dinero, ya que cobraban al final del turno.

Esa madrugada del quince de Septiembre, llegó al Barba Azul y tomó dos cervezas más. Le gustaba mucho la música tropical, pero no le gustaba esa penumbra, esa media luz roja y ese olor a alfombra vieja impregnada de humo de cigarro y alcohol rancio que cobijaba, como escondiéndolos, a los que buscaban fugarse un rato de su dura realidad. Vio la variedad, que estaba terminando. ¡Qué hermosas mujeres!, pensó y salió de ese cabaret, entró a otro antro cercano y pidió otras dos cervezas.

Eran cerca de las seis de la mañana cuando llegó a su casa. Su abuela estaba muy acostumbrada a que llegara de madrugada de trabajar, así que doña María sólo le dijo que lo había ido a buscar Carmelo con un señor. A Roberto se le hizo raro lo que le dijo y le preocupó, pero estaba tan cansado, que se acostó y se durmió. Pocas horas después, como a las nueve de la mañana llegaron dos agentes que lo despertaron y revolvieron todas las cosas de su cuarto. Las palomas que solían entrar del patio revoloteaban asustadas. Los agentes ordenaron a Roberto que se vistiera y los acompañara. Su abuelita se asustó, le preguntó:

— ¿Qué pasa hijo?

— Nada —recordó Roberto sus palabras mientras otro suspiro se escuchaba en la celda.

— No te apures, mamá, al rato vuelvo.

Capítulo III

Se llevaron a Roberto en un Jeep a la primera delegación en las calles del Carmen. Se detuvieron a las puertas de este lugar, uno de los agentes bajó del vehículo, entró a la delegación y salió sujetando por un brazo a Alberto, uno de los cuatro que entraron a la tienda la noche anterior y le preguntó, colocándolo frente a Roberto:

— ¿Lo conoces, sabes quién es?

— Es Roberto, el que la mató —contestó muy seguro.

— ¿Qué te pasa? ¿A quién? No es cierto, señor, no sé de qué habla —dijo Roberto sorprendido, incrédulo y furioso. En ese momento supo que habían matado a Agustina, la Muñeca, y que ese infeliz le estaba echando la culpa. Metieron a Alberto y, mientras sacaban a Mauro, otro de los que habían participado en el asalto, Roberto se repetía sin hablar — ¡La mataron, la mataron, Dios mío, la mataron!

Le preguntaron lo mismo a Mauro y contestó igual que Alberto. Metieron a Mauro y sacaron a Carmelo. Cuando Roberto oyó que éste repetía lo mismo, comprendió que se habían puesto de acuerdo. —Carmelo, no me hagas esto —decía, intentaba contar que él nunca entró con ellos a la tienda, que estuvo con dos muchachos mientras asaltaban ese lugar, que no era verdad lo que decían y lloraba desesperado. Uno de los agentes preguntó a Roberto casi gritando — ¿Dónde está José Luis? —pero Roberto no tenía idea de quién era José Luis; se lo había presentado Carmelo la noche anterior, pero no puso atención a los nombres.

—Yo no sé, no lo conozco.

—No te hagas pendejo, contestó el agente mientras le daba un bofetón que lo hizo tambalearse. Lo llevaron a la Procuraduría General del Distrito, frente al monumento a la Revolución, lo bajaron del Jeep y cuatro agentes lo subieron al cuarto piso, entraron a una oficina donde había dos escritorios y algunas sillas y atrancaron la puerta con un palo de escoba, mientras el temor de Roberto se iba convirtiendo en pánico.

— A ver, muchacho, nos vas a decir cómo se dieron los hechos.

— Yo no sé nada, yo no entré con ellos a la tienda, dijo muchas veces pero, apenas terminaba de hablar, lo abofeteaban con brutalidad. En esos momentos alguien gritó:

— ¡Bájenlo que ya llegó el comandante!

Sintió alivio cuando suspendieron los golpes, tuvo miedo de que el dolor fuera más fuerte que él y lograra que de su boca salieran las mentiras que ellos querían oír. Lo llevaron con el comandante Francisco Aguilar Santaolaya, chaparro, regordete y pelón, quien le ordenó que se parara a un lado de su escritorio. Le enseñó algunas fotos del cuerpo sin vida de la Muñeca.

— ¿Así la dejaste? —decía el comandante poniendo una foto frente a él— ¿o así?— y mostraba otra. Roberto vio a esa mujer, cerró los ojos y movió la cabeza. La tienda de esa señora estaba a cinco cuadras de su casa, sólo la había visto unas cuantas veces, pero la reconoció ahí tirada, menudita, con su vestido guinda y uno de sus gastados zapatos cafés en el piso, cerca de su pie. El temor era muy grande, pero dejó espacio para experimentar pena por la vida apagada por unos cuantos pesos. En la oficina del comandante ya estaban Carmelo, Mauro y Alberto. Roberto buscaba que lo miraran sin lograrlo. Sabía que faltaba uno de los tres amigos de Carmelo. *Eran cuatro, eran cuatro*, se repetía sin hablar. También había varios agentes y algunos periodistas. El comandante, viendo a esos tres jóvenes atrapados en la tienda, le dijo a Carmelo que describiera la forma en que había muerto la señora y éste dijo:

—Yo le agarré las manos, Alberto le tapó la boca, Mauro le agarró los pies y Roberto le apretó el pescuezo con el brazo.

Cuando Roberto escuchó esa reconstrucción de hechos, pensó: — ¿Cuatro contra una pobre mujer? No pueden creer que esa estupidez sea verdad. ¿Por qué le creen a ellos y a mí no?

Mandaron a Roberto a un separo, un cuarto de uno veinte por dos cincuenta, cuya puerta de metal tenía una ventana que sólo se abría desde fuera. Esos tres fueron llevados juntos a una galera, un lugar más amplio con reja. Roberto estuvo sentado en la banca de cemento del separo hasta que llegó un vigilante que le entregó unas tortas por la ventana.

—A ver, tú, acércate, tu mamá te trajo esto — dijo. Roberto vio ese alimento y pensó en su abuela, intentó comer, pero no pudo, sentía como si masticara un trapo y estaba lastimado por los golpes. Como a las ocho de la noche lo sacaron del separo a declarar y cuando empezaba a decir nuevamente:

—Yo no entré con ellos a la tienda, estuve con los cuatro antes… — el que escribía dijo impaciente:

— Bájenlo y caliéntenlo.

Lo bajaron, lo golpearon y lo regresaron al separo. Eran como las once de la noche cuando lo regresaron a la oficina, ya se veían por la ventana los fuegos artificiales de los festejos del quince de septiembre. Un agente le ordenó:

—Por última vez di la verdad, porque lo que digas va a quedar en tu declaración. —

Roberto notaba la impaciencia de los agentes, la prisa por irse a festejar y terminar ya con eso. Repitió lo que tantas veces había dicho y firmó su declaración. De nuevo lo mandaron al separo y a los otros tres a la galera de las mujeres, que estaba vacía. Roberto protestó: — ¿Por qué a ellos a la galera juntos? — Lo mandaron solo a la galera de los hombres. Ahí estuvieron todo el día dieciséis y el diecisiete como a las ocho de la mañana, los dos agentes que fueron por Roberto a su casa le dijeron que por última vez le preguntaban dónde estaba José Luis. Entonces comprendió que José Luis era el nombre del tercer amigo de Carmelo.

— Yo no sé, no lo conozco, es amigo de Carmelo, pregúntenle a él.

Fueron con Carmelo y esa vez fue a éste a quien le propinaron la dosis suficiente de golpes para que les dijera dónde podían encontrar al tercero de sus cómplices y salieron corriendo por él. Roberto vio volar las gabardinas de esos hombres que al parecer le creyeron. A la media hora regresaron con José Luis. Los agentes estaban seguros de que al abrir las puertas del lugar del crimen había cuatro muchachos, pero hacían *tan bien* su trabajo que en vez de cuatro, ya tenían cinco. Dos horas después, antes de trasladar a los cinco a Lecumberri, en la julia, permitieron a los periodistas tomar fotos en el patio de la procuraduría. Uno se acercó a Roberto — ¿A qué te dedicas? preguntó.

— Soy panadero.

— Muéstrame las manos, a ver si son de panadero.

Cuando Roberto mostró las manos, esperando que le creyera que era hombre de trabajo, el ingenioso periodista tomó su placa, que al día siguiente apareció en el periódico bajo el enunciado:

**EL CÍNICO ASESINO MUESTRA LAS MANOS
QUE DEJARON SIN VIDA A UNA MUJER.**

Solamente se quedó Roberto en la penitenciaría. Él, que nunca había tenido ningún problema legal, quedó a disposición del juez de turno y a los otros cuatro se los llevaron al tribunal para menores. Sólo Mauro era menor y ya había estado varias veces en ese tribunal, pero los otros tres eran adultos con antecedentes penales y sabían bien que si se hacían pasar por menores de edad, estarían libres en poco tiempo.

Roberto llegó a la oficina de ingresos donde se hizo su ficha antropométrica y lo enviaron a la crujía de turno. En este lugar debía permanecer las setenta y dos horas de ley esperando su libertad, o a que lo declararan formalmente preso. Roberto observaba todo lo que veía, dominando el miedo y la preocupación. Se encontraba en el patio de esta crujía cuando lo vio María Luisa Casteleiro que pasó por ahí, se acercó a la reja y preguntó asombrada:

— ¿Qué pasó contigo, muchacho, por qué estás aquí?

Roberto sintió un poco de esperanza, recordaba que siempre había sido amable con él desde que la conoció, siendo todavía un niño. Le explicó, como pudo, lo que había pasado.

— ¡Qué barbaridad, hijo, delito de sangre! Vas para la D. Pide hablar conmigo cuando te lleven, para que hable con el Monterrey, el mayor de esa crujía.

Eran casi las doce de ese día gris cuando se abrió el cielo dejando ver un jirón azul.

Capítulo IV

—Señor, aunque aquí gobernara Dios, las cosas no se harían como él quisiera: éste es un pueblo de maleantes —dijo un viejo custodio a un nuevo director de Lecumberri cuando éste habló de su plan de gobierno.

Los presos manejaban el penal. Cada crujía tenía un comando de reclusos que lo integraban un mayor, un segundo mayor, un escribiente o secretario, un cabo de fajina y diez o veinte ayudantes. Los custodios únicamente se encargaban de los candados de las rejas de cada crujía, de las puertas de los diferentes talleres, de los rondines y de la seguridad en los garitones de las murallas. También acompañaban a los internos a los juzgados.

La crujía de turno, la H, donde se encontraba Roberto aquel medio día, tenía sólo diez celdas y estaba cerca de la sala de defensores y de las cocinas, donde además de cocineros había palomas. Una celda de la H fue acondicionada como pequeña fonda con dos mesas de metal, sillas y un mostrador, detrás había unas parrillas. Roberto vio que entraron el mayor de la crujía y su segundo, ordenaron un café y un refresco. Unos minutos después también entró él y ocupó la mesa que quedó sola, no pidió nada. Se repetía el nombre que María Luisa había pronunciado: el Monterrey. La tienda de la Muñeca se llamaba La Monterrey, no podría olvidar ese nombre. Roberto no pudo evitar poner atención a la conversación en voz muy alta de los hombres sentados cerca de él:

—No, mano, está cabrón tener que elegir entre la de carne o la de fierro —dijo el mayor. Se rió con ganas su acompañante y dijo:

—La mayoría acaba escogiendo la de carne y a algunos hasta les gusta —y volvió a reír sonoramente.

Roberto sintió que lo hacían a propósito para asustarlo más de lo que estaba, pero no movió un músculo que delatara su angustia. Decidió que en ese lugar no se permitiría el menor signo de debilidad.

Le entregaron dos uniformes de color azul marino, una cobija, un plato de aluminio con tres divisiones y un pocillo. Se quitó su ropa con una sensación dolorosa, como si se quitara pedazos de piel. Se vistió de huérfano de libertad, se acercó al jefe de la crujía y le pidió que le avisara a María Luisa que ya lo mandaban a la D. Vio con ansiedad cómo ese hombre tomó el teléfono, que estaba en el *cajón*, un espacio entre dos rejas a la entrada de la crujía. Escuchó que pidió hablar con ella y esperó. Roberto no le quitaba los ojos de encima y el tiempo de silencio le pareció tormentoso y largo. El jefe finalmente colgó y dirigiéndose a Roberto dijo:

— La señorita María Luisa salió a comer.

— No puede ser —pensó.

Lo llevaron al depósito, a dejar su ropa y para acabar de despojarlo de sí mismo, siguió el corte de pelo con el grupo de peluqueros de la campaña de higiene. Le dijeron que se sentara en una banca. El peluquero lo miró unos instantes y preguntó:

— ¿Eres Roberto?

Éste lo miró, le pareció conocido, pero no recordó quien era.

— Sí, soy Roberto.

— La orden es casquete corto, pero no te apures, no te voy a cortar mucho —dijo en voz baja. Como respuesta, el aludido asintió con la cabeza en señal de gratitud.

De ahí a la D, pero, en el camino, lo alcanzó un preso.

—Discútete con los zapatos, rápido —dijo decidido y amenazante. El recién llegado, desconcertado volteó a verlo y el tipo insistió:

— Que te quites los zapatos, dámelos.

Obedeció nervioso y el tipo le dio a cambio un par de botas viejas y mal olientes.

Llegó a la D, lo recibieron dos escribientes, Carlos y el Tigre, éste le ordenó:

—Quítate la camisa y el cinturón. Roberto obedeció lentamente. El miedo acumulado agudizó su estado de alerta, pensó en lo que le había dicho María Luisa, tenía que intentar algo y dijo:

— Quisiera hablar con el señor Monterrey —Carlos y el Tigre reaccionaron al escucharlo.

— ¿Para qué lo quieres? —preguntó Carlos.

—La señorita María Luisa me prometió que iba a hablar con el señor Monterrey cuando me trajeran —contestó Roberto. María Luisa Casteleiro ahora era la secretaria particular del director de Lecumberri, el general Florencio Anitúa Loyo. Sin decir nada, Carlos salió hacia la celda de enfrente y regresó acompañado del Monterrey, el mayor, o jefe de la crujía y jefe de los jefes de las otras crujías. Hombre de baja estatura que vestía una camiseta blanca sin mangas, que dejaba ver que era un hombre de músculos fuertes y trabajados. En la cabeza, en vez de cuartelera militar, un sombrero gansteril de fieltro y pantalón azul. Carnicero, antes de entrar por asesinato a la cárcel.

—Yo soy el Monterrey y aquí no hacen falta recomendaciones para que todo marche bien — dijo lentamente, analizando con la mirada a Roberto.

— Dale su camisa y su cinturón, Tigre.

Le asignaron la celda número cinco y en esa crujía había ciento treinta en dos pisos. Ocupar alguna de las diez primeras celdas costaba mucho dinero, pero Roberto todavía no sabía que ahí todo tenía un precio. En la cinco dormía don Felipe y su chalán, joven preso sin recursos a quien pagaba para que estuviera a su servicio. Lavaba su ropa, tendía su cama, aseaba la celda. Las celdas del fondo de la crujía eran para los que no tenían para pagar el mínimo privilegio, ni siquiera podían caminar por el patio donde estaban las diez de la entrada, más que para entrar o salir de la crujía. Había en el piso de cemento dos líneas rojas delimitando el sector de las *Lomas* de la cárcel.

Llegó la hora del rancho, las seis de la tarde, café con leche y un bolillo. Roberto no comió nada. Una banda de guerra dio el toque de fajina. Todos los presos de primer ingreso eran obligados a lavar y secar toda la crujía. No lo hacían los que podían pagar para evitarlo. El Monterrey ordenó que Roberto no hiciera la fajina, así que se quedó en la puerta de la celda viendo la crujía, esos cien metros de pasillo dividido por largas mesas y bancas de concreto, con puertas alineadas a los lados en dos pisos, como si fuera un enorme palomar.

Todos los cambios de actividades eran marcados por toques con la banda de guerra. A las ocho de la noche toque de lista, momento en que salían todos de sus celdas y se formaban en el patio para ser contados, con cuartelera puesta y chamarra abotonada hasta el cuello. Después, cada quien a su celda a esperar el toque de silencio y a dormir.

A las seis de la mañana escuchó Roberto el toque de lista, de nuevo todos al patio para el conteo. En seguida, el de rancho: bolillo, atole y garbanzos. Inmediatamente después el toque de fajina. Pasó un galero, preso comisionado, que recorría las crujías gritando:

— Audiencia, audiencia, el que necesite audiencia pase al cajón de la crujía. Por supuesto que Roberto pidió audiencia con María Luisa y lo llevaron al Polígono, torre central que era oficina con cinco caras con visibilidad a las puertas de las crujías, ahí había un escritorio grande y en la parte de enfrente, de pie recargando las manos en él, estaba ella: como de treinta y cinco años, cabello corto, falda bajo la rodilla, ajustada, blusa blanca y zapatos de tacón. El director estaba internado en el hospital militar, así que, su secretaria llevaba todas las audiencias. Al ver a Roberto ordenó de inmediato que le hablaran al Monterrey.

— ¿Cómo estás, muchacho? preguntó.

— Bien, contestó. El Monterrey estaba en el vapor de los baños El Pachuco, donde se bañaban los que podían pagar ese lujo. Así que se presentó en el Polígono envuelto en una toalla y con sus chanclas de hule. Roberto observaba y con esto iba captando la importancia de María Luisa, a quien no se le hacía esperar. El Monterrey se cuadró con un saludo militar y, decididamente servil, dijo:

— A sus órdenes María Luisita. Ella le dijo señalando a Roberto:

— Te encargo a m'ijo, con tu vida me respondes de lo que le pase.

El primer sorprendido por estas palabras fue Roberto. No era más que una conocida. Empezó a verla con gratitud y esperanza. Hasta le pareció bonita. Sus palabras fueron una caricia de consuelo después de tantas agresiones. Ella agregó:

— En cuanto haya una plaza en la panadería lo mandas porque es un excelente panadero.

A partir de ese momento el Monterrey no permitió que el recomendado de María Luisa estuviera fuera del alcance de su vista. Sabía muy bien lo vulnerable que lo hacían su juventud y el hecho de ser recién llegado.

En la celda que hacía las veces de capilla, Roberto iba todos los días a orar. Su trato con Dios se reducía a persignarse al pasar frente a una iglesia, a ir de vez en cuando a misa con su novia y cada año iba con su madre en peregrinación al santuario del Cristo de Chalma, en el Estado de México, pero entendía que Dios lo sabía y lo podía todo, por eso esperaba que lo sacara de allí en cualquier momento.

Aquella peregrinación solía ser principalmente una tradición y un emocionante paseo para Roberto. Recordó cómo cargaban con un manteado y un sin fin de utensilios para improvisar una tienda de campaña y pasar la noche. Caminaban tres días por el cerro y, poco antes de llegar al santuario, los peregrinos que iban por primera vez se bañaban en el río, junto a un enorme y famoso ahuehuete, se ponían una corona de flores y bailaban como obligada preparación para presentarse ante el Señor de Chalma. Cuando al fin veían el templo, encontraban el camino al atrio lleno de mujeres con sus anafres que hacían hervir en cazuelas todo tipo de guisados, como pancita, chicharrón en salsa verde, atole, café, chocolate, tenían comales de barro para hacer las tortillas, quesadillas, los tacos de longaniza, que tanto le gustaban a Roberto.

Pocos días después de su encuentro con María Luisa, solicitaron un elemento para la panadería y el Monterrey envió a Roberto, así fue como hizo ese primer bolillo… el diez de octubre comenzó a trabajar como panadero.

El quince de octubre de 1955, ya trabajando como primer oficial, llamaron a Roberto a la oficina de la panadería. Allí estaba un hombre de ademanes finos, vestido con botines, pantalón vaquero, chamarra de piel y gazné. A Roberto le llamó la atención el gran parecido que tenía con Manolete, el famoso torero. Era el jefe de la panadería, Francisco Roldán Gil, y estaba comisionado en la dirección del penal. También era un preso.

— María Luisa me dijo que eres un buen panadero y ya sé que de inmediato te pusieron como primer oficial, dijo, te voy a cambiar al turno de la noche.

— Está bien, señor, contestó Roberto, pero pensó que no era ninguna ayuda, trabajar de noche era más pesado. En realidad sí era una mejor opción, ya que en ese turno se hacía pan para vender fuera de la cárcel. Era negocio del señor Roldán y por tanto, el maestro ganaba cinco pesos diarios, mucho más que el del turno matutino. A los otros cuarenta panaderos que trabajaban de noche se les daban cuarenta centavos diarios, dos cigarros y dos dulces.

José Sevilla Pérez era el maestro del turno de la noche. El hecho de que mandaran a un jovencillo recién llegado como su segundo despertó su enojo: quería ese puesto para un amigo y coacusado. La noche anterior a su día de descanso, sin dar ninguna orientación o instrucción dijo Sevilla a Roberto con una sonrisita ladina:

— Mañana descanso, a ver si es cierto que eres tan bueno, porque tienes que sacar cuarenta bultos de harina.

Roberto sabía bien que en las panaderías se trabajaban entre cinco y quince bultos, cuando mucho. Tenía que demostrar que podía con el paquete, pensó: Si de cuarenta cabrones, a treinta les caigo mal, me apoyaré en los diez que no me rechazan y me voy por partes trabajando de cuatro en cuatro bultos y el pan saldrá a tiempo. Y así fue.

La visita en la crujía.

Gente se baña y baila al pie del ahuehuete en Chalma.

Chalma.

De izquierda a derecha: el contador del pan, el maestro y Roberto en 1955.

CAPÍTULO V

Roberto sabía de retos. Cuando su madre llegaba a comprar la carga de un camión de tres toneladas de jitomate en La Merced, él le ayudaba a separar el fruto bueno del magullado, a lavarlo y acomodarlo en cajas en una sola noche. Aprendió a ser eficiente en poco tiempo. Dos años antes de su llegada a Lecumberri, Clementina y dos de sus hermanas lo convencieron de ir con ellas a trabajar al Hipódromo de las Américas. Empezaba la temporada de carreras y aceptó hacer un trabajo que desconocía. Atendía la fuente de sodas, llevaba pocos días en eso y lo enviaron al Jockey Club. Vio con sorpresa y coraje que los comensales dejaban comida en los platos, que luego se tiraba, pero aprendió a tratar a los socios como esperaban ser tratados.

El cinco de diciembre de 1953, escuchó en los altavoces que en Los Ángeles, California acababa de morir el gran actor y cantante mexicano Jorge Negrete. Sintió dolor, como si hubiera perdido algo suyo, apenas creía que fuera verdad. Dos meseros pidieron permiso para retirarse, argumentado sentirse enfermos y tuvo que trabajar el doble, sintiéndose triste por la muerte de ese intérprete a quien había visto en muchas películas y en el teatro Lírico actuando en vivo con Pedro Infante.

Ahora, en Lecumberri, Roberto superó el desafío que le lanzara Sevilla, el maestro de la panadería. Aprovechó la oportunidad y en ese pueblo chico las noticias se esparcían como el sarampión entre los niños. La gente empezaba a notar a ese recién llegado a la cárcel.

Iniciaba el mes de noviembre, había transcurrido un mes y medio de su llegada y la desgracia de dos hombres trajo a su vida un hecho afortunado. Sevilla estaba formado para lista, en el patio de la crujía G. Era un domingo a las cuatro y media de la tarde. Los días de visita se pasaba lista al salir los familiares. Sevilla hizo un ademán de aburrimiento cuando estaba formado, lo vio el Coquis, el segundo jefe de la crujía, que vigilaba la formación con un palo en la mano.

—No se mueva, cabrón, quieto —dijo y le pegó con el palo. Sevilla no se movió, lo miró con el rostro enrojecido, apretando las quijadas. Con actitud retadora, el Coquis le dijo: —¿Qué?

Se veía que Sevilla apenas se podía controlar. Cuando terminó el conteo se fue, como todos, a su celda, tomó su punta, una varilla con una cuerda enredada en el extremo como empuñadura. Siempre la llevaba al turno de noche a la panadería porque había peleas frecuentes. Tomó también su mandil. Se dirigía a su trabajo, pero vio al Coquis recargando ambos antebrazos en la reja de la crujía viendo salir a la última de las visitas, sonriente. Se detuvo unos instantes mirándolo fijamente y de repente corrió hacia él, sacó la improvisada arma y se la metió de abajo hacia arriba por la espalda, con tanta fuerza que salió la punta por el hombro. Se escucharon dos terribles gritos al unísono, uno de rabia, otro de dolor.

Lo llevaron a la celda 125 de la crujía B, la cárcel de los que asesinaban en el penal. Los que cometían otro tipo de delitos eran llevados a las jaulas, celdas más grandes, donde aislaban a los presos en condiciones menos inhumanas. La temida 125 estaba a espaldas de las calderas y era difícil soportar el calor y la deshidratación adentro, pero ahí estuvo Sevilla poco más de un año.

Aquel domingo, Roberto estaba sentado en la entrada de la panadería, esperando a Sevilla para ponerse a trabajar y empezó a ver que muchos corrían inquietos o asustados. Preguntó a uno que pasó cerca:

—¿Qué pasó, por qué corren, a dónde van?

— Mataron al segundo de la G — contestó el hombre.

Roberto no volvió a tratar con Sevilla, había sido su jefe poco tiempo y no le simpatizaba, pero, cuando años después pensó en su destino modificado bruscamente ese domingo, pensó: Pobre hombre.

José Sevilla Pérez había entrado a Lecumberri por robo. Se echó encima otro proceso por asesinato, por un instante de ira. No todos lograban salir con vida después de un año en la 125. Él sobrevivió y llegó a ser el jefe de la F, la de los viciosos, vagos y malvivientes. Como su puesto le daba autoridad, cuando tuvo una dificultad con el Negro Reséndiz, que ahí vivía, lo abofeteó. El Negro esperó el momento de su venganza que se presentó tiempo después, cuando los dos estaban castigados, pero en las jaulas. El Negro se puso de acuerdo con el Cachorro para matarlo cuando entraran los de la campaña de higiene a cortarles el pelo. Abrían todas las celdas de las jaulas y sentaban a los presos en círculo para su corte. Sólo entonces estaban juntos. Ahí Sevilla perdió la vida a puñaladas.

En el Palacio Negro se sabía que no se debía dar una sola puñalada, porque era exponerse a que la víctima quedara viva y se vengara, así que Sevilla recibió primero una puñalada por la espalda, cayó boca arriba y el Cachorro se montó sobre él y con un puñal en cada mano alternaba las puñaladas una y otra vez. Roberto sólo vio que fueron muchísimas y que, tiempo después, el Cachorro, en un intento de fuga, recibió un balazo en el cuello cuando subía unas escaleras. Cayó vivo y duró varios minutos agonizando hasta que se ahogó con su propia sangre.

El día del asesinato del Coquis, el turno de la noche en la panadería se quedó sin maestro. El segundo era Roberto, que había demostrado que podía con el trabajo y le dieron el cargo. Así que muy recién llegado tuvo una ocupación de responsabilidad que le dejaba pocas horas para percatarse de sus miedos, su tristeza y su rabia. Además, empezó a ganar dinero, así que le pidió a su abuela que ya no le llevara los tres jarritos con comida que le permitían prescindir del rancho todos los días, porque ya podía comprar sus alimentos en una de las fondas que había en el penal.

— No te preocupes, mamá, mientras esté aquí, viviré lo mejor que pueda.

Capítulo VI

Roberto tenía esperanzas de que se investigara, se supiera la verdad y lo dejaran libre. Se enteró por su mamá que tenía un defensor de oficio, pero no lo conocía.

— Me dijo el abogado que vas a salir, que no me apure, que no eres culpable, escuchó de labios de su madre. Supo que el Chato, con quien estuvo en el momento del asalto, había declarado lo que pasó y que don Manuel, el padre de Clementina, había escrito una carta avalando su conducta de hombre trabajador.

—Don Manuel cree en mí —pensó— seguramente también Clementina. Lo llevaron al Tribunal para Menores para un careo con Carmelo y sus tres amigos: Alberto, José Luis y Mauro, que tenían bien aprendido el libreto. Iba un juez y su secretaria, la licenciada Martha Herrerías que después fue Juez Primero de lo Penal. Uno por uno, con mucho aplomo, sostuvieron que Roberto había matado a la Muñeca.

—Fueron ustedes cuatro —dijo Roberto a cada uno llorando de rabia.

Carmelo, alias Crisóforo Sánchez Rodríguez, alias Carlos Rivera Lugo, alias el Cascabeles, había sido procesado por robo el dos de diciembre de 1954, proceso 2327/ 54, es decir era mayor de edad un año antes de ser enviado al Tribunal para Menores. Usaban diferentes nombres al ser atrapados para ocultar que eran reincidentes, como Pancho López, el que le pidió que hiciera el primer bolillo. José Luis Hernández Romero, procesado por robo el 23 de octubre de 1953, proceso 2001/ 53, también sufrió el mismo fenómeno de convertirse en menor de edad, cuando había un expediente que decía que dos años antes era mayor. Alberto tenía veinte años; Mauro, dieciséis.

Cuando los médicos comprobaron que Alberto y José Luis eran mayores de edad, las autoridades regresaron a Alberto a Lecumberri y, en vez de hacer el traslado al juzgado XV, que ya llevaba el proceso por ese delito, lo consignaron dejándolo a disposición del juez de turno, en este caso, el XVII. Así que se abrieron dos procesos por el mismo delito en dos diferentes juzgados. A José Luis, siendo el mayor de los cuatro, lo regresaron al Tribunal para Menores, por alguna extraña razón. Fue él quien se quedó con el dinero del asalto.

Alberto llegó a Lecumberri. Como también era panadero, lo dieron de alta en la panadería, pero en el turno matutino. Fue justamente cuando se dio la orden de que los panaderos de todas las crujías fueran depositados en la F, la crujía de los viciosos, porque estaba pegada a la panadería. A Roberto no lo movieron de la D, así que no estaban juntos.

Cuando Roberto se enteró de que Alberto estaba en Lecumberri, se enteró también de que había sido violado por un traficante de marihuana, quién posteriormente lo utilizaba como "burro" para vender su mercancía entre los presos. Le describieron con detalles la forma brutal en que había sido sometido. Inevitablemente pensó en que la sola mención del nombre de María Luisa había evitado que lo enviaran a él a las celdas del fondo de la D, con los asesinos, sin visitas ni dinero, donde le hubiera pasado lo mismo. Cuando habló con Alberto sintió coraje, pero también algo de compasión.

Alberto le dijo cómo había sido el asalto a la tienda y lo que pasó aquella noche después de que Roberto se negara a participar en el robo. Le contó cómo, al escuchar gritos y golpes desde fuera, en la puerta del local, Carmelo le había ordenado que callara a la Muñeca.

Roberto lo miraba con atención y desconfianza. El otro tenía una actitud amigable, pero temerosa; hablaba de prisa como quien dice la verdad, pero Roberto no olvidaba las veces que lo había visto mentir con esa misma actitud.

—Yo sólo quería que se callara, pero se me pasó la mano y de repente ya no se movió, ni gritó ni resolló —dijo Alberto— José Luis encontró el dinero y yo me quité los zapatos para poder correr, porque me quedaban grandes y se me zafaban. Cuando se abrieron las puertas salió corriendo José Luis, empujando a la gente, con un cuchillo en la mano y yo detrás de él. A Carmelo y a Mauro los apañaron debajo de una cama en la trastienda, y a mí me alcanzaron a dos cuadras de ahí. José Luis sí logró escaparse.

—Por eso me preguntaban dónde estaba José Luis —dijo Roberto— ¿Por qué me echaron la culpa y dijeron un montón de mentiras?

—Cuando vimos que la ñora ya no respiraba, Carmelo nos dijo que te echáramos la culpa y no nos iría tan mal.

— ¿Por qué nada más estás tú aquí? ¿Y los otros?

— Mauro sí es menor. No sé cómo le hicieron Carmelo y José Luis para zafarse, pero voy a decir la verdad, que tú no entraste con nosotros.

La conversación con Alberto le dejó más preocupación que esperanza. No sabía qué creerle: no lo veía a los ojos y lo había visto mentir varias veces. Aunque tenían casi la misma edad, Alberto se veía más joven que Roberto, era más delgado.

Alberto declaró en el juzgado XV que Roberto nunca entró a la tienda con ellos la noche del asalto. Al mismo tiempo declaró en el juzgado XVII, donde se llevaba su proceso, que Carmelo había matado a Agustina y que Roberto estaba prófugo. Roberto no sabía que ese muchacho declaraba en dos juzgados diferentes, pero seguía pidiendo ayuda a Dios, trabajando y aprendiendo a defenderse.

Su situación en la panadería recibió otra amenaza por parte de los contadores oficiales del pan. El señor Roldán lo llamó para decirle que estaba contento con el pan, pero que no le salía la cuenta, estaban faltando piezas.

— Déjeme ver dónde está el error, señor —dijo Roberto— hoy en la tarde le digo qué averigüé.

Uno de los contadores del pan le dijo a Roberto con su acostumbrado aire de superioridad:

— No sacas la cuenta, maestrito —como solía decirle por tener ese cargo siendo tan joven. Roberto no contestó, pero sintiéndose amenazado, tomó una hoja de papel y un lápiz y con una actitud tan segura y decidida que le faltaba una pizca para ser agresiva, empezó a demostrar el control que tenía de la materia prima que recibía y del pan que producía, haciendo las cuentas tan claras que no dejaban lugar a dudas.

— Como puedes ver, —dijo — no sólo sí sale mi cuenta, sino que saco más de lo que tengo que entregar por bulto de harina al señor Roldán.

Su interlocutor cambió de actitud y le ofreció dinero para que no aclarara nada, ya que el pan sobrante era negocio de los contadores.

—A partir de hoy —dijo el hombre, entregándole con discreción un billete de cincuenta pesos— te va a salir la cuenta, maestrito, no te preocupes.

Roberto observaba y meditaba el cambio, hasta en el tono de voz del contador, también se daba cuenta de que Roldán, ese señor tan bien vestido y educado, usaba mucha más materia prima de la que pagaba para su negocio y así, dudaba que el director ignorara lo que estaba pasando.

—Conque así funcionan las cosas aquí.

Después de esto, Roberto pidió que la cuota aumentara al doble y se la pagaban sin protestar. Era un buen ingreso extra de su sueldo, se empezaba a convertir en una especie de Rey Midas.

El diecinueve de diciembre de 1955, tres meses después del homicidio de Agustina, llevaron a Roberto al juzgado XV como a las once de la mañana. Escuchó incrédulo a la secretaria que leía la sentencia:

—…purgue la pena de veinte años por homicidio y tres años por robo

Poco entendía del resto de lo que ahí se dijo. Esas palabras lo golpearon, sintió el impulso de agredir a quien hablaba, pensó en su abuelita María, en sus viernes viendo las luchas, en los domingos de cuatro películas en la matiné, en Clementina y apretó los labios.

Capítulo VII

— ¿Apela usted? —preguntó la secretaria a Roberto.

— ¿Qué es eso? —preguntó.

—Que si no está de acuerdo con la sentencia.

—Ah, no, no, señorita.

—Bueno, su abogado presentará los agravios correspondientes, puede retirarse.

Llevaba la sentencia hecha rollo entre ambas manos. A tres meses de ser declarado formalmente preso ya estaba sentenciado. Lo único que sí le quedaba claro a Roberto mientras caminaba de regreso a su crujía, era que eso que veía, esas paredes, esas rejas, esa gente, eran ahora su mundo y tomó la decisión de que ahí viviría lo mejor que pudiera. El dolor del desamparo convirtió sus ojos negros en un manantial manso que ahogó su confianza en Dios. Después de un rato se sacudió la pena, como los perros se sacuden el agua de todo el cuerpo y volvió a su trabajo.

—Me divorcio de Dios porque ya me di cuenta que sólo cuento conmigo. Éste es mi mundo ahora y aquí viviré lo mejor que pueda. Ni esto ni nada va a destruirme.

Tuvo una responsabilidad grande con el cargo que recién llegado le asignaron. Como maestro de la panadería estaba al mando de cuarenta panaderos y debía sacar doce mil ochocientos bolillos diarios. Esto significó que lo vieran con respeto y que obtuviera seguridad y dinero.

La vida de Alberto en la cárcel, en cambio, transcurría traficando, ganándose entradas al castigo, llenándose de amargura, iba dejando de ser un raterillo de La Merced, un chamaco mala cabeza y se iba convirtiendo en un hombre resentido. Un día subió a buscar a Roberto y se encontraron en la puerta de la celda de éste último. Se abalanzó y empezó a golpearlo, sin motivo aparente. Después del desconcierto, Roberto sintió ira y el impulso de lanzarlo por encima del barandal cercano hacia el piso de abajo, se sabía más fuerte. Él mismo no sabe qué lo detuvo, pero piensa que tenía mucho que perder y que el coraje que sentía por Alberto se había ido diluyendo y convirtiendo en compasión, pero sobre todo, sabía que un alto porcentaje de los presos debían su desgracia a haber perdido el control en un momento de ira. Sabía que muchos estaban ahí por no haber aguantado una mentada de madre, o que les dijeran *güey*, que en ese tiempo equivalía a decir *cornudo*. Roberto se quedó con el rostro morado un tiempo, pero Alberto quedó vivo.

En otra ocasión, Alberto estaba a punto de salir de otro periodo en el castigo; otro preso, Manuel Vargas Sánchez, a quien llamaban Alma Grande quiso obligarlo a tener sexo amenazándolo con un cuchillo. Alberto le arrebató el arma sujetándola por la parte del filo y se la enterró en el corazón. Alma Grande quedó muerto; Alberto, con una herida grande en la mano que sangraba profusamente. Lo llevaron a la enfermería y pidió, para sorpresa de los que lo conocían, que llamaran a Roberto. Éste llegó sin decir nada junto a la cama donde lloraba Alberto, quien, al verlo, sólo le dijo con gran tristeza:

—Ahora sí ya me fregué, Rober, ya me eché encima otro proceso por asesinato, perdóname por el daño que te hice.

Lo enviaron a Santa Martha Acatitla y más tarde a las Islas Marías. Cuatro años estuvo Alberto en Lecumberri y antes de matar a Alma Grande hizo un escrito dirigido al presidente de la República, licenciado Adolfo López Mateos, donde narraba lo ocurrido, asegurando que Roberto no había entrado al lugar de los hechos. Cuando hizo esa carta ya habían pasado más de tres años del homicidio de Agustina y Roberto ya estaba ejecutoriado. Que una sentencia cause ejecutoria significa que ha quedado firme, es decir, que ya no existe recurso o medio de defensa para modificarla, revocarla o nulificarla. La conformidad con la sentencia puede ser expresa, por así aceptarlo las partes o tácita, por no haber hecho valer los recursos en forma oportuna.

Sin embargo, Enrique Ortega Arenas, uno de los abogados que Roberto conoció en la sala de defensores, le ofreció tramitar el indulto necesario. El indulto es necesario cuando la sentencia se funda exclusivamente en pruebas que posteriormente se declaren falsas.

El indulto es una causa de extinción de la responsabilidad penal que supone el perdón de la pena, pero no se da el perdón del delito, la persona sigue siendo culpable, pero se le perdona el cumplimiento de la pena.

En ese momento, Roberto ya se había sumergido en libros que le fueron descubriendo la ley y, aunque lo que anhelaba era que se reconociera su inocencia, este trámite despertó la ilusión de libertad.

Alberto Hernández Rodríguez ya había sido sentenciado en el juzgado XVII de la Sexta Corte Penal, expediente 1495/55 a treinta y un años de prisión por el mismo homicidio imputado a Roberto, sentenciado en el juzgado XV de la Quinta Corte Penal, expediente 1402/55, a veintitrés años. En el juzgado XVII se dejó abierta la averiguación en contra de Roberto para cuando se le capturara, ya que ese juez lo dio por prófugo.

La carta no sirvió de nada. El magistrado Celestino Porte Petit, en su fallo, dijo que no tenía valor legal la declaración de Alberto, en virtud de que quien la hacía era menor de edad y se encontraba en el Tribunal para Menores.

—Parece que el ilustre magistrado no leyó más que la primera hoja del expediente de Alberto, no se enteró de que no era menor, que tenía en su misma sala la apelación a su sentencia, que ese *menor* estaba en el Palacio Negro, no en el Tribunal para menores. Ya basta —se dijo Roberto en aquella ocasión, cerrando el capítulo de la búsqueda de justicia y contemplando una vaquilla que tenían amarrada junto a las cocinas, dijo:

— Se ve tan tranquila comiendo y espantándose las moscas con la cola. Seguro que no sufre por estar en Lecumberri.

Dos años antes de esa carta, cuando Roberto se enfocaba en el trabajo y en adaptarse como si sólo se hubiera cambiado de barrio, apareció otra oportunidad de aprendizaje. Era 1957, estaba trabajando en la panadería, cuando el peluquero que le cortaba el pelo le pidió veinte pesos que necesitaba y en prenda le dejó una malctita con los utensilios para su oficio. Roberto la guardó bajo su cama. Sin previo aviso se hacían inspecciones a alguna crujía buscando armas y ese día le tocó a la D. Encontraron la maletita con la navaja de un peluquero bajo la cama de un panadero. Cuando Roberto vio que no estaba la herramienta, sólo se dijo:

— ¿Y ahora?

Capítulo VIII

No sirvieron las explicaciones. Enviaron a Roberto a las jaulas. Este lugar, también conocido como la Circular Dos, tenía varias celdas, cada una con un patio anexo con techo de barrotes y puerta metálica con un postigo, para que el infractor no saliera ni conviviera con los otros. Estaban colocadas en círculo con un torreón de vigilancia al centro. Por el postigo se veía si alguien entraba o salía de las jaulas. Cuando Roberto llegó, algunos lo conocieron y le gritaron:

—¿Qué pasó, maestro, qué hiciste?

Ser maestro de la panadería implicaba ser de los presos que tenían un sueldo y, por tanto, ser alguien que les podía dar para su marihuana a los viciosos. Roberto le dio cinco pesos al de la puerta mientras examinaba el lugar de castigo donde tiempo después matarían a José Sevilla Pérez.

Lo pusieron en la celda uno, donde se encontraba el Gringo Pete. Este norteamericano estaba en el castigo porque le encontraron los cubiertos que usaba para comer. La celda era como de cuatro metros cuadrados con cuatro literas, era la del jefe de la crujía, Juan Camacho Jaimes. En la noche le asignaron a Roberto una litera, se acostó sin relajar un músculo y observaba tenso cómo le tendían una colchoneta en el piso a Juan Camacho.

Con la marihuana que compraron a los presos traficantes hicieron dos cigarros como de diez centímetros. Cortaron uno en tres pedazos y lo dividieron entre Juan y sus dos asistentes, que lo atendían como súbditos devotos y con quienes compartía la colchoneta. El otro cigarro lo partieron en pedazos más pequeños y lo distribuyeron entre los otros cautivos de Lecumberri, de las jaulas y de la droga.

Roberto tenía veintiún años y nunca había visto algo semejante: un extraño ritual de evasión con droga y sexo. Deseaba alejarse de ese olor agudo a cigarro, como si quemaran caucho, y de esos gemidos. No sabía si sentía más compasión que rechazo, pero quería salir corriendo. Nuevamente el miedo se le acercaba. Vio que el gringo estaba dormido, se volteó hacia la pared hasta que el sueño lo venció. Al despertar, se sintió más seguro porque vio que al proveedor se le respetaba, el dinero había sido su escudo.

Estuvo en la cárcel de la cárcel tres larguísimos días. Hablaba muy poco, salía al patio de la celda, a la jaula, como cenzontle recién atrapado a tomar el sol, leía el periódico, como hacía todos los días, esperaba la hora del rancho. A él le llevaban los alimentos de una de las fondas. A ratos dormitaba y se aburría, extrañaba su trabajo y, desde luego, daba sus cinco pesos para la mariguana que los adictos se repartían como hermanos. El resto de los quince días de castigo lo pasó en su celda, en la D, por órdenes del Comandante de la Compañía en servicio, simplemente porque Roberto le simpatizaba y sabía que su delito había sido ayudar al peluquero. El castigado empezaba a aprender a esperar sin desesperar.

Las jaulas, la cárcel de la cárcel.

Llega el rancho a las Jaulas

— ¡Qué bueno que ya estás aquí, maestro! —dijo su segundo a Roberto cuando lo vio entrar a la panadería, éste sonrió y viendo su lugar de trabajo se dijo:

—Un día voy a transformar todo esto, pisos, paredes, vidrios, hornos. No sé cómo, pero esto va a dejar de ser un muladar.

Aspiró el olor a pan y se puso a trabajar.

Roldán, el jefe de la panadería, adquirió su libertad y con ello llegaron cambios para Roberto. Éste, que siempre observaba, pidió al comandante del cuerpo de vigilancia, el capitán Luis García Chávez, amigo de María Luisa, que no era un preso, que le diera oportunidad de trabajar con él. Había aprendido a hacer vales y reportes en la panadería usando los índices de cada mano en una Remington y sabía que allí se recibían los partes, o notificaciones oficiales, que generaban los comandantes sobre la vida del penal: intentos de fuga, asesinatos, pleitos, gente que había sido sorprendida traficando. Se recibía la correspondencia y se distribuía, se hacía una carpeta con las solicitudes leídas y un breve resumen o acuerdo al director para que dictara sus órdenes. Era una especie de secretaría de gobernación de ese pequeño pueblo de exiliados. Los jefes solicitaban ayudantes, los internos solicitaban entrar a algún taller o pedían permiso para recibir una radio o para que sus familiares entraran por la puerta principal.

Ahí Roberto tendría que tratar con los jefes de las crujías, de los departamentos, de los talleres y de la escuela. Cualquier solicitud tendría que pasar por sus manos. Fue dado de alta como ayudante del secretario del comandante —los secretarios sí eran presos— y después fue ascendido a secretario, que implicaba ser jefe de ese lugar. Si la panadería era un área de la cárcel de mucha importancia, también lo era este departamento.

En Lecumberri, además de la panadería, había un taller de sastrería, donde se hacían los uniformes de la policía. En el taller de zapatería, se elaboraba calzado y botas para los guardianes del orden. En el taller de fundición, se fraguaban las tapas para los registros o coladeras, y bancas para los jardines públicos. La carpintería también era importante. Inclusive había taller de granito y dos imprentas que hacían todos los papeles oficiales del Departamento del Distrito Federal. Había una escuela de capacitación técnico-obrera, y otra de pintura. Estaba el Centro Escolar Venustiano Carranza a donde se enviaba, de forma obligatoria, a los presos que no habían terminado la primaria. Una cuarta parte de los internos trabajaba o tenía alguna comisión.

En la Comandancia del Cuerpo de Vigilancia, todo el que ingresaba alguna solicitud, ofrecía dinero para que se tramitara más rápido. Roberto empezó repartiendo la correspondencia. La mañana del 15 de abril de 1957, Roberto hacía su lista para entregar las cartas por crujías y para que le firmaran de recibido. Se detuvo porque escuchó por radio que el avión que piloteaba el ídolo de México, Pedro Infante, se había desplomado en el centro de la ciudad de Mérida. Escuchó asombrado que Pedro Infante había muerto. Esperó un rato asimilando la noticia que le costaba creer, cerró los ojos y lo vio haciendo el papel de preso en Lecumberri y en las Islas Marías, y cantando en tantas otras películas. Movió la cabeza y comenzó a repartir el correo. Los que tenían radio empezaron a divulgar la noticia y ese día Roberto recibió propinas de hombres muy conmovidos por la desgracia del amado actor y cantante mexicano.

Sólo por el reparto de la correspondencia recibía alrededor de treinta pesos diarios, también hacía un memorándum por cada respuesta del director a las solicitudes; esto le dejaba otros ingresos y lo enteraba de la situación de los presos. El cargo le dio oportunidad de conocer de cerca a muchos internos. Sabía quiénes eran los que habían estudiado, los violentos, los que tenían familia y dinero y los que carecían hasta de esperanza.

Roberto en la Comandancia

Ya tenía muy arreglada la celda ochenta y siete de la crujía D para él solo, cuando un día, al regresar del trabajo, vio un hombre que le pareció conocido sentado en su cama.

— ¿Qué haces aquí?

— Aquí me trajeron —contestó el hombre fuerte y seco.

— Esta celda es sólo para mí, se equivocaron, dile al jefe de fajina que te dé otro lugar.

— Ésta me gusta, no me voy.

Roberto se retiró a buscar al jefe de fajina, regresó con él y cuando le dijeron al intruso que tenía que irse, se desenrolló asombrando a Roberto por su gran estatura y corpulencia. El hombre tomó sus cosas y al salir le dio una cachetada a Roberto, quien no intentó regresar la amable despedida, no sólo por el tamaño del recién llegado, sino porque se dio cuenta de que era el luchador Pancho Valentino, a quien había visto en la televisión.

Antes ya se había esparcido la noticia de que el conocido luchador profesional había asesinado al sacerdote católico Juan Francisco

Fullana Taberner en la iglesia de Nuestra Señora de Fátima, en la calle de Chiapas 107, en la colonia Roma, para robarlo y que la policía lo buscaba. Roberto pasó del asombro a la preocupación.

— Ya me eché otro alacrán al seno, como diría mi abuelita — pensó— Se necesitan cinco para vencer a este gigantón.

Pero cuando se llegaban a encontrar, Pancho lo saludaba como a cualquier vecino.

Roberto supo después que cuando Pancho Valentino llegó a las Islas Marías, se fue transformando, empezó a ir a la iglesia del lugar, era servicial y no tenía problemas con nadie. Le dijo al sacerdote que vivía voluntariamente en las Islas que como los duros trabajos que le asignaban ya no le pesaban, hacía penitencia cargando una gran cruz que él mismo hizo, para salvar almas, hasta que murió.

Roberto empezaba a fluir seguro y cómodo en su nuevo cargo, cuando un día, otro hombre muy alto y fornido, duro y hostil, apodado el Gitano, le pidió que desapareciera un parte (oficio) de su expediente. Roberto sabía que se llamaba Rodolfo Valdés Valdés, que había matado al gobernador de Sinaloa, Rodolfo T. Loayza, muchos años atrás, que era un violento asesino muy temido y de poca escolaridad, pues había visto que escribía su nombre con dificultad. Ese mismo día le preguntó a Roberto, Fernando Portillo del Castillo, entonces secretario del comandante, si el Gitano tenía algún parte. La pregunta le hizo ver a Roberto que ya le habían pedido el mismo favor a Fernando y decidió, siempre cauteloso, no meterse en el asunto. A partir de eso, cuando se encontraba con el Gitano sentía que lo veía con coraje y volvió a rondarlo la mala sombra del miedo.

Roberto llegó una mañana a los baños el Pachuco, ya podía darse ese lujo en la cárcel, y encontró al Gitano rasurándose. Fijó la mirada en la navaja y en los ojos del hombre que por el espejo lo vio entrar. Hubiera querido salir de inmediato, pero sabía que no podía mostrar miedo, así que entró al vapor. Esperaba atemorizado, atento a cualquier ruido. Soportó momentos interminables. Apenas alcanzó a escuchar que se cerró una puerta. Intentaba adivinar si había salido el Gitano, sin aprovechar la ocasión de desquitarse, o si había entrado alguien. — ¿Estará esperando que yo salga?—se preguntaba. Deseaba que hubiera entrado alguno de los que lo habrían apoyado. Caminó varias veces hacia la puerta de salida y regresaba a sentarse, esforzándose para ver dentro de esa nube de agua y calor; pensaba en cómo iba a defenderse sin ropa, sin nada. Había visto a otros morir por motivos menores. Creyó escuchar que la puerta se abría, pero en ese momento se activó la entrada de vapor y sólo se escuchaba el siseo silbante y se veía cada vez menos. Así, con miedo y calor juntos, no pudo más, se enredó la toalla en el brazo izquierdo para proteger la cara y recogiendo las pocas fuerzas que la deshidratación le había dejado, salió enrojecido, envalentonado y húmedo, dispuesto a defenderse. Miró alrededor y ya no había nadie.

Capítulo IX

Un periódico informó muchos años después de aquel encuentro con el Gitano, que había muerto libre en Sinaloa protegido por un personaje importante de la política. El trabajo de Roberto en la comandancia duró de 1957 a 1959. La actitud de respeto de los que lo rodeaban y el dinero que le compraba bienestar le daban cada día más seguridad. Se despidió 1958 con una cena en la sede de esa dependencia, se escuchó en la radio el conteo regresivo para recibir con alegría, en la mayoría de los rostros, el año 1959. A la derecha de Roberto estaba Zorrilla Martínez, preso por llevar armas de contrabando a Cuba para Fulgencio Batista; a su izquierda, Raúl Rodríguez, cubano recluido por homicidio, partidario de Fidel Castro. Ya iban a sus celdas y alcanzaron a oír en el receptor la noticia de la huida de Batista de La Habana por la proximidad de la entrada triunfal de Castro.

Roberto había oído quiénes eran Castro y Batista, pero la noticia no significó gran cosa para él, eso sí, echó un vistazo curioso a los rostros de Zorrilla y Rodríguez sabiendo que para ellos sí pesaba esa noticia y se fue a descansar.

En ese tiempo sólo recibía la visita de su abuela; ya se sentía muy adaptado y empezaba a tener lo suficiente para ayudarla. El seis de enero de 1959, estaba trabajando cuando lo llamó por teléfono su hermano Pedro para avisarle que su abuelita acababa de morir. Intentó, con esfuerzo, continuar su labor, ocultar lo que sentía, pero no pudo. Había experimentado muchos dolores, pero éste no se parecía a ninguno. Se estaba dando cuenta del gran amor que le tenía y de que no volvería a verla.

El capitán Guanaco, autoridad del penal, y el mayor Pastor intercedieron ante el director para que lo dejara ir, bajo su responsabilidad y cuidado, a despedir a su abuela; pero unos días antes, se había anotado en la tarjeta de antecedentes que Roberto había perdido el amparo contra su sentencia, así que el director del penal no quiso arriesgarse a una fuga, pese a que sólo tenía que atravesar el jardín de sus pájaros y sus recuerdos para decir adiós a la que fue su madre. Tenía una enorme necesidad de darle las gracias y decirle cuánto la quería, aunque ya no lo escuchara.

Cuando Roberto se convenció de que no lo dejarían salir, se encerró en su celda y entonces sí se dio permiso de llorar. Su cuerpo se estremecía con espasmos que intentaban expulsar el dolor de la injusticia y la orfandad. Extrañaba cada vez menos la vida en libertad, no se permitía pensar que estaba prisionero, pero el hecho de que no lo dejaran estar junto a su abuela por última vez, lo hizo verse irremediablemente preso. Ese permiso negado lo enfrentó con su condición de desterrado. Le parecía ver el rostro preocupado de su abuela cuando le dijo, la mañana de su detención:

— No te apures, mamá, al rato vuelvo.

Empezó a recordar.

Cuando tenía cuatro años, tomó una moneda de dos centavos, de un montoncito que había sobre la mesa y salió al estanquillo a comprar una bolsita de palomitas de maíz bañadas con caramelo color de rosa. Las traía en la mano cuando escuchó que su abuelita le gritaba. Se asustó y se metió las palomitas entre el peto del pantalón y la camisa y empezaron a salir por sus piernas. Ella lo tomó de la mano diciendo:

—Te voy a llevar a la cárcel, a donde meten a los rateros. Lo llevó a jalones, porque se negaba asustado, hasta las puertas de Lecumberri. Ella se compadeció de sus lágrimas y le dijo:

—Nunca robes, hijito.

Roberto sollozó con el recuerdo y se vio de nuevo de su mano cálida, cruzando las vías del tren, camino de la escuela Luis de la Rosa. Ese primer año escolar no le gustó separarse de ella y se salió del colegio en varias ocasiones, se sentaba sobre su mochila frente a una tienda cercana hasta que escuchaba el timbre de salida y regresaba a la entrada de la primaria a esperarla.

Recordaba que todas las mañanas dejaba los frijoles en una hornilla y el café en la otra y se iba al mercado de la Morelos a comprar el pan. Siempre pasaba primero por el estanquillo a tomar su copita de jerez con parras. Al regresar ponía dos bolillos en cada lugar en la mesa y servía los frijoles que ya gorgoreaban en la manteca. Con un cinco de chiles curados, el pan y el café, esos frijolitos le sabían a gloria. Otro sollozo y otra imagen de ella acariciándolo con ternura después de la dura golpiza que le dieron por culpa del Dulcero.

Siguió llorando y recordando hasta que llegó el sueño y le cerró los ojos.

— La vida sigue, hijo, no te quiebres. —soñó que le decía.

María Calderón

Dieciocho días después de su pérdida, el veinticuatro de enero de 1959, como a las nueve de la mañana, el general Carlos Martín del Campo, el director que le negó aquel permiso, llamó a Roberto al polígono para nombrarlo jefe de la panadería. Había demostrado capacidad como maestro panadero en el turno de la noche y como jefe de la comandancia tenía satisfechas a las autoridades. Le estaban ofreciendo ser el jefe del taller más importante de la cárcel. El capitán Óscar Gómez Carrión, secretario particular del director, hizo la entrega. Esta comisión era de las más solicitadas por los presos, pero no cualquiera podía con el cargo: se requería principalmente don de mando, disciplina y conocimiento del oficio para la diaria elaboración de más de cuarenta mil piezas de pan blanco y de dulce y se debía mandar este alimento a diecisiete dependencias del gobierno, como las cárceles de Coyoacán, Xochimilco, El Carmen, albergues infantiles y casas de protección social. Tenía sólo veinticuatro años cuando estaban bajo sus órdenes doscientos presos panaderos.

Poco antes del nombramiento, Fernando Sánchez López, subdirector del penal, tenía un romance con la esposa de un recluso cubano, muy amigo de Raúl Rodríguez, con quien Roberto cenó el fin del año cincuenta y ocho. La dama cubana pidió al subdirector que nombrara a Raúl jefe de la panadería y la complacieron. Roberto asesoró a Raúl lo mejor que pudo, pero éste no tenía idea de lo que era el funcionamiento de la panadería. El general Martín del Campo, que se dio cuenta del error de la designación, lo destituyó unos días después y por eso le dio el cargo a Roberto.

Fernando Sánchez López, buscando un motivo para quitar del puesto a Roberto, encargó al maestro bizcochero que espiara a su jefe y le informara cualquier irregularidad que ayudara a evidenciarlo. El director interrogó a Roberto delante del subdirector y el bizcochero.

—Me informan que reparte pan de huevo a los influyentes, ¿es cierto?

Roberto se dio cuenta de la situación, sabía que no sería fácil defenderse si el subdirector quería fastidiarlo, pero decidió intentarlo y contestó:

—Sí, señor, es verdad.

— ¿El pan es de usted?

— No, señor, eso se hacía, yo, simplemente lo sigo haciendo.

—También me indican que desvía leche, huevos, harina, azúcar y manteca. ¿Qué me dice al respecto?

—Les doy a los horneros un pocillo de leche cuando los veo muy deshidratados y yo también tomo leche y huevo si se me antoja. Pero, usted compraba cien bultos de harina cada mes y los demás ingredientes para el pan que usted vende. Desde que yo estoy al frente, usted no compra nada porque hago el pan con las economías que consigo hacer.

Roberto podía disponer de esa materia prima que sobraba porque muchos de los presos no comían el rancho, sino lo que les llevaban sus familiares. El general Martín del Campo miró a Sánchez López unos instantes sin decir nada, luego a Roberto y le dijo:

—Regrese a su trabajo, por favor.

Roberto se organizó muy pronto en su nuevo cargo y hasta tenía tiempo para pintar. Le habían vendido un paquete con todo el material necesario para distraerse pintando y hacía copias de cuadros famosos, siguiendo las instrucciones que traía su equipo. Entonces se relacionó principalmente con los jefes de las crujías y de los departamentos; así conoció a Mendizábal, jefe de las cocinas, español, hombre culto con quien Roberto entabló amistad.

Era muchos años mayor que él. Roberto sólo sabía que había caído tiempo atrás por fraude. Iban juntos a la proveeduría por la mañana; uno recogía la carne y otros alimentos para el rancho; y el otro, la harina, huevos y todo lo necesario para la elaboración del pan. A menudo comían juntos. En una de esas ocasiones Mendizábal invitó a Roberto a comer en las cocinas, convirtió en mesa una reja de jitomate, la cubrió cuidadosamente con un mantelito y se puso una servilleta sobre la pierna. Roberto observaba sus modales y los imitaba con gusto. Le gustaba ver las enormes marmitas donde se preparaban al menos ocho mil trozos de carne con verduras, hervían desprendiendo olores de puchero. Después llegaban los carretilleros con los peroles que se llenaban con el número de porciones que correspondía a cada crujía. Roberto y su amigo comían y conversaban rodeados de las palomas. A Roberto le encantaba escuchar a Mendizábal platicar de sus bellas mujeres y de su afición a los casinos y de un mundo de refinamiento que Roberto no conocía. A veces iba el español a buscarlo para conversar tomando un café y, cuando veía a su amigo ensimismado con su caballete y sus pinturas, Mendizábal hacía un ademán de disgusto diciendo

¡Joder!, ¡¿Cómo puedes tener calma para eso?!

Joder era la única mala palabra que decía. En eso coincidía con Roberto: no decía palabrotas, en su hogar no se decían. Las groserías y el caló no formaban parte de su lenguaje.

No era fácil que la confianza germinara entre los reclusos, pero cuando ya había brotado entre estos dos hombres, que sólo la cárcel pudo hacer coincidir, Mendizábal le dijo a Roberto que por su conducto, Kaplan, quien purgaba una sentencia de veintiocho años de cárcel por homicidio, le ofrecía un millón de pesos por ayudarlo a fugarse dentro una de las cajas de pan que salían. Joel David Kaplan no era cercano a Roberto, estaba en la crujía I, donde vivían los más preparados, que eran maestros en la cárcel y, por tanto tenían ciertas consideraciones. También estaban los que tenían dinero y pagaban por estar ahí; era el caso de Kaplan, pues debía estar en la D por homicida. Era muy callado, no daba problemas. Siempre lo veía caminando por la crujía con las manos atrás, sin hablar con nadie y a menudo borracho, pues su asistente, que a diario lo visitaba, le llevaba sus anforitas, sobornando a los celadores.

Roberto sabía que era factible lo que le pedían, pues Kaplan era muy bajito y delgado, cabía bien en una de las cajas de pan que a diario despachaba. Pensó detenidamente la propuesta: Un millón de pesos es mucha lana, pero ni loco voy a arriesgar lo que he logrado. No me preocupa rechazar el dinero, sino que vayan a pensar que puedo delatar el plan, aunque Mendizábal sabe bien que nunca seré un chivatón. Me la voy a jugar, le voy a decir que no le entro y espero que lo entienda.

Algún tiempo después, el tres de noviembre, Roberto, de manera inusual, estaba en el polígono a la hora del cambio de guardia y escuchó que el oficial de la puerta oriente le informaba al del polígono que pedían entrada para una camioneta con unos quesos para Mendizábal. El coronel Juan Ríos, "El Botas", ahí presente, sabía que el director Martín del Campo había autorizado a Manuel Mendizábal vender una vaquilla que tenían en engorda junto a las cocinas y cuando oyó que había una camioneta con quesos, dijo:

— Debe ser para sacar la vaquilla, que pase, déjala entrar. Roberto lo vio un instante y sonrió apenas perceptiblemente pensando que el Botas daba la autorización por lo avaricioso que era, de todo quería sacar ventaja.

—Seguro quiere algunos de esos quesos —pensó. No le dio importancia y se dirigió a la panadería, se encontró con Mendizábal, que le dijo:

— ¿Qué haces levantado tan temprano, Rober?

— Quiero que todos los custodios se lleven su pan de muerto.

— Ah, qué bien —contestó y dándole una palmada en la espalda le dijo:

— Ya sabes que se te quiere.

Roberto lo vio irse y pensó que había algo raro.

— ¿Ya sabes que se te quiere? —repitió bajito.

Capítulo X

"Ya sabes que se te quiere." Cuando Roberto se dio cuenta de que fueron las palabras de despedida de Mendizábal antes de fugarse, comprendió que no le había dicho nada de este segundo plan de fuga para no comprometerlo.

Los cuatro años que llevaba en el Palacio Negro le habían permitido conocer muchas historias, que iban curtiendo su asombro, sin embargo, le sorprendió enterarse de que la fuga estaba planeada para Kaplan y fue el único que no se pudo escapar porque un custodio no le quiso abrir la reja de la crujía simplemente porque no le dio la gana, cuando la abría hasta por una moneda de veinte centavos.

— Tú no sales —dijo sencillamente— no eres comisionado y no tienes a qué salir.

Y, como no le simpatizaba Kaplan, aunque le ofreció buen dinero, no abrió. No contemplaron esta situación en la bien planeada estrategia para escapar. Mendizábal no pudo esperar más, la camioneta que los llevaría a la libertad tenía que irse y salió con él y otro preso, un cubano de los hombres de Leónidas Trujillo, dictador de República Dominicana.

Posteriormente, Kaplan, este hombre de negocios norteamericano, contrabandista de armas en algún tiempo, posible agente de espionaje y asesino convicto, fue trasladado al penal varonil de Santa Martha Acatitla, de donde sí escapó en 1971, de manera espectacular a bordo de un helicóptero que bajó en uno de los patios de la penitenciaría.

La tarde del día de la fuga de Mendizábal, Roberto caminó de la panadería a las cocinas, muy intrigado porque nadie lo interrogó respecto al escape: todos sabían que era muy amigo de Manuel.

Levantó los hombros, imaginó la cara de triunfo de su amigo. En ese instante escuchó mugir a la vaquilla y moviendo la cabeza, sonrió.

Otro jefe con quien Roberto empezó a tratar en 1959, como responsable de la panadería, fue el del Pabellón de Neuropsiquiatría, Goyo Cárdenas, que ya tenía varios años en Lecumberri cuando Roberto cayó. Goyito era demasiado famoso para que Roberto ignorara que era el asesino serial de quien tanto se había escrito en los periódicos. Desde un principio Goyito se dirigía a Roberto con mucho respeto. Le decía *Robertito*, se quitaba la cuartelera al saludarlo y la ponía sobre un antebrazo. Roberto lo observaba y no le parecía que tuviera nada de loco, pese a que Salvador Iniestra, un integrante de una banda de asaltantes de taxistas, internado una semana en neuropsiquiatría, le había dicho:

—No, mano, ese Goyo está re loco. Le quise hablar y me dijo: "Silencio, estoy concentrado en comunicación con extraterrestres, no me interrumpas".

Cuando Roberto lo escuchó, sonrió y pensó que esa locura era una estrategia de Goyito para controlar a sus locos. Entonces se enteró de que Goyo hacía oficios para ayudar a los presos sin recursos a recuperar su libertad y pensó:

—Lástima que hasta ahora, que ya no hay nada que hacer en mi proceso, me entero de que este hombre tiene conocimientos que quizá me hubieran ayudado.

Goyo no era su amigo, le simpatizaba por atento, respetuoso y cumplido con su comisión. La mayoría de los asesinos que Roberto conocía habían matado en momentos de riña, celos, borracheras y se le hacía difícil entender que ese hombre tan delicado y atento, hubiera matado a cuatro muchachas menores de edad después de tener sexo y las hubiera enterrado en el patio de su casa. Él mismo indicó a la policía, después de que fue descubierto, dónde había enterrado a sus víctimas. Roberto había escuchado rumores de que Goyo había matado a esas jóvenes para realizar experimentos bioquímicos, pues buscaba la fórmula para obtener la inmortalidad. Sin embargo, no era asunto al que le dedicara tiempo.

Lo que sí lo hizo pensar mucho, después de años, fue analizar el resto de la historia de este personaje. Se decía:

—A ver, a ver, Rober, Gregorio Cárdenas Hernández tenía una inteligencia asombrosa, tuvo la oportunidad de estudiar ciencias químicas y fue becado por PEMEX. Tú solo estudiaste la primaria.

En el penal se casó y tuvo hijos. Aparecieron varios imitadores que cometieron crímenes similares y nunca fueron atrapados. Tanta publicidad lo hizo héroe con seguidores. Cuando al presidente de la República, Luis Echeverría Álvarez le solicitaron el indulto de Goyo, determinó que era una celebridad y ¡lo indultó! Así que el ocho de septiembre de 1976 salió de la cárcel "El estrangulador de Tacuba." Un asesino confeso de cuatro crímenes obtuvo el indulto y a ti te lo negaron, Rober, con una declaración del verdadero culpable del crimen que te imputaron, un testigo presencial que declaró que estuviste fuera del lugar de los hechos cuando se cometió el delito y otras pruebas de tu inocencia. ¡¿Qué tal?! Y cuando Mario Moya Palencia era secretario de Gobernación invitó a Goyo, ya libre, a asistir a la Cámara de Diputados, donde habló de su vida y recibió aplausos, ¡aplausos!, como un héroe, como un ejemplo de rehabilitación tras asesinar a cuatro muchachitas. ¡Por favor! ¿A quiénes aplaudimos? Tú no esperaste nunca aplausos y, gracias a Dios, no eres una celebridad por haber matado, puesto que ni siquiera cometiste el crimen que te cargaron, tú sólo trabajaste con ganas a pesar del estúpido atropello, de la fregadera que te hicieron. Tú no te *rehabilitaste*, ¿de qué? Sólo lograste respeto sin hacer daño a nadie.

No le quitas mérito a las cosas buenas que Goyito hizo, pero como que no te cuadra el balance comparativo de estos resultados. Sus crímenes le dieron la fama con la que logró el indulto, vendió sus pinturas y sus libros, registró en derechos de autor la narración de sus homicidios y explotó el mal que hizo, se realizó una película de su vida y finalmente murió el dos de agosto de 1999.

Como decía Felipe Paniagua, otro de la banda de asalta taxistas:

— Esta vida no es pareja, mano, no es pareja.

Goyo Cárdenas fue sólo otro personaje que Roberto observaba y con quien tenía que tratar como jefe de la panadería en 1959.

En ese tiempo ya tenía, a diferencia de otros reclusos, dos celdas para él sólo, la ochenta y siete y la ochenta y nueve, en el segundo piso de la D, cuando cayó por homicidio en duelo, su vecino, el coronel Juan Rodríguez, policía de tránsito. Juan retó a otro oficial. Se empezaban a golpear y su rival cayó, se golpeó en la cabeza con la orilla de la banqueta y murió.

Roberto, como hacía con sus conocidos, lo protegió, lo orientó y le ofreció sus celdas para recibir a sus familiares, una era su dormitorio y la otra era una especie de cocina, donde tenía un catre para su chalán.

Juan estaba casado y un día llegó a visitarlo su joven esposa con una amiga, una muchacha bella y sencilla de diecinueve años, cajera en una panadería. Roberto se entretenía viendo a los visitantes caminar por la crujía recargado en el barandal y la vio. Era alta, bien formada y tenía una abundante cabellera larga.

—Mira, Felipe, qué linda la muchacha que viene con la esposa de Juan, córrele, dile a mi amigo que pase a sus visitas a mis celdas, porque en la suya hay otros presos. —le dijo a su segundo.

De cerca le pareció más linda, se enteraron de que eran vecinos, reían y se decían sin palabras que se gustaban. Ella siguió acompañando a su amiga a sus visitas, hasta que terminó asistiendo sola para ver a Roberto.

Los trabajadores y comisionados recibían a sus familiares jueves y domingos, el resto de la población, sólo el domingo. No había lugar ni día específico para visita conyugal. Los internos no decían groserías delante de las mujeres y cuando alguno recibía a su esposa, los compañeros de celda se retiraban, con discreción y la puerta se cerraba.

Llegó a la vida de este cautivo el sentimiento que evitó que su corazón se endureciera a fuerza de hacerse respetar en esa atmósfera y la motivación que llega con la pareja. Con ilusión por el anuncio de su próxima paternidad, cuando tenía veinticinco años, contrajo matrimonio en Lecumberri el 8 de mayo de 1960. Ella tuvo el valor de casarse en el penal, con un hombre en esas circunstancias, a pesar de que al principio de esa relación, su madre se opuso. Él se encargó del sustento de ella, de su madre y de sus hermanos, desde su encierro.

Casi al mismo tiempo, encontró otro amor, que también trajo a su vida realización, alivio y desahogo y se fue convirtiendo en una pasión: el futbol. Roberto se unió al equipo del penal.

Capítulo XI

Se convirtió en padre el domingo 4 de diciembre de 1960. Disfrutaba con amigos una corrida de toros en su televisor, cuando el comandante de la compañía de vigilancia llegó a avisarle que había nacido su hija. Los que estaban con él lo felicitaron y siguió viendo la corrida, saboreando el manjar de la noticia en silencio. A los veinte días la tuvo en sus brazos por primera vez, la miraba detenidamente y se sintió capaz de cualquier cosa por proteger a esa criaturita que se desperezaba estirando sus manitas en su regazo. La prisión no le impidió experimentar una sensación de plenitud y alegría.

Tenía buena relación con los internos que trataba y con las autoridades. Cada día se convencía más de que Lecumberri no era ese lugar de maldad y sufrimiento insoportable, ni donde todos los que llegaban se contagiaban del virus de la perversión, como decían los periódicos y algunas películas. Para él, el Palacio Negro tenía su lado blanco, era una ciudad en miniatura, un pequeño pueblo en cuarentena. Para tener la aceptación, el aprecio, o la admiración de Roberto no importaba el delito que habían cometido sus coterráneos, sino lo que observaba de ellos. Pensaba que cualquier delito, si de verdad lo habían cometido, se pagaba con cinco años en el Palacio Negro, donde había un catálogo completo de seres humanos. Estaban los que amenazan con suicidarse y los que no se doblan, los que pierden toda dignidad por una grapa de heroína, y los que podían pagar drogas y bebidas embriagantes muy costosas, quienes usaban el ingenio para trabajar, vivir lo mejor posible y aportar algo y los que lo usaban para hacer pulque con la levadura del pan, o para convertir el agua de colonia en alcohol y complicarse la existencia; los que apoyaban a otros y los que picaban con armas improvisadas por cualquier estupidez; los analfabetas, los que tenían carrera, los escritores, artistas, idealistas; los soplones, que a menudo perdían la vida, los serviles y los corruptos. Había de todo, pero no se revolvía el agua con el aceite, los presos hacían grupos entre similares.

¿Amigos? ¡Conocidos! ¡Y de la cárcel!, así decía Juanito Duarte, un preso que vendía billetes de lotería en el penal. No todas las personas con quienes Roberto convivía eran sus amigos, pero sí tenía algunos. Sus cargos en la panadería y luego en la comandancia le permitieron conocer a casi todos los presos. Sabía mucho de ellos, por eso el director se apoyaba mucho en él cuando algún mayor, o jefe de crujía, salía libre o le sucedía algo y había que sustituirlo.

—¿A quién ponemos, Roberto? —preguntaba. Así, Roberto fue cambiando a los jefes abusivos y siniestros por los mejor preparados y los más considerados; generalmente eran los que estaban presos por haber cometido fraudes. Recién nombrados les decía:

—Ya sabemos cómo funcionan aquí las cosas, pero no amenaces, no intimides, la gente entra muy asustada. Los que tienen dinero, si se sienten agradecidos por un trato considerado, o por algún favor, van a soltar dinero sin odio y sin esperar vengarse.

Esto cambió mucho el funcionamiento de la cárcel.

El nuevo padre escogió como padrino de bautizo de su niña al ingeniero petrolero José Luis Paganoni, casi veinte años mayor que él, quien había llegado a Lecumberri casi un año antes del nacimiento de su hija, por asesinar al entonces famoso actor Ramón Gay, con su pistola Walther P38.

Gay era uno de los galanes más cotizados y populares del momento, tenía cuarenta y tres años la noche del 28 de mayo de 1960, cuando estaba en su auto estacionado en la calle de Río Rhin número 60, frente a las puertas del edificio donde vivía. Se encontraba con su amiga la actriz Evangelina Elizondo, también famosa, muy bella y ex pareja de Paganoni. Habían terminado su función en el teatro con la obra *30 segundos de amor*. Muy avanzada la noche ella se despedía para abordar su Cadillac, cuando vio acercarse a Paganoni quien la bajó violentamente del auto. Ramón intentó protegerla, se dio una pelea cuyo resultado fue que un hombre perdió la vida y otro la libertad. Centenares de personas acompañaron el cortejo hasta el cementerio para despedir a Ramón Gay.

Roberto no veía a Paganoni el asesino, sino al hombre educado, que lo miraba a la cara cuando le hablaba, respetuoso sin zalamerías, directo.

Veía a un hombre que ahí era creativo, inteligente y trabajador, que dirigía el centro escolar. Ése era el lado que Roberto veía de José Luis Paganoni. A Roberto tampoco le importaban sus líos de mujeres. Sabía que tres muy hermosas señoras lo habían ido a visitar al mismo tiempo y que pusieron en serio aprieto a su amigo. Cuando le comentó su apuro, le dijo:

— ¿Qué se puede hacer en un caso así, Rober? Sentí como si saliera de la regadera cubierto por una toalla y ésta se cayera. Se cayó y punto, no pude hacer nada.

Rober recordó que Mendizábal, antes de fugarse, esperaba la visita de la bellísima esposa de Paganoni para verla pasar.

— Me encanta esa mujer, Rober, no puedo evitarlo —decía.

— Cuidado, Manuel, cuidado —era la respuesta.

La primera hija de Roberto se bautizó en la Basílica de Guadalupe. El hermano de Paganoni asistió en su representación y después de la ceremonia hubo un festejo en grande en El Señorial, el centro nocturno de moda en ese entonces, al que desde luego, no asistieron ni el papá ni el padrino de la bautizada.

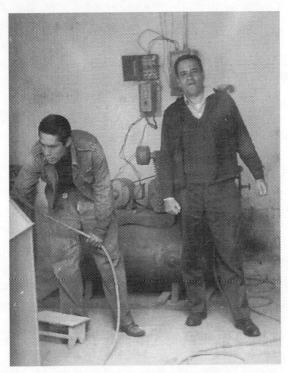

El Ing. Paganoni en la Escuela de Capacitación de Lecumberri.

Sólo hubo días de diferencia entre la llegada a Lecumberri de Paganoni y la de Guillermo Lepe, padre de Ana Bertha Lepe, finalista en 1953 en el concurso Miss Universo y una cotizada actriz del cine nacional. El 29 de mayo de 1960 Ana Bertha vio cómo su padre asesinaba de dos disparos a su novio, el actor Agustín de Anda, de veintiséis años, como consecuencia de una alcoholizada discusión. Se publicó que De Anda le anunció a Lepe que quería casarse con su hija, durante el intermedio de una presentación de Ana Bertha en el centro nocturno La Fuente, de Insurgentes 890 y que el padre de la bella infortunada no lo quería permitir, ya que ella era su sustento económico.

Con Papá Lepe, como todos le decían, Roberto no convivió, pero admiraba la belleza de su hija; cuando iba a visitarlo, observaba su altivo andar preguntándose cómo se sentiría esa hermosa mujer visitando en ese lugar a su padre y asesino de su novio. Con el tiempo las visitas de Ana Bertha fueron también para Paco Sierra, que le daba clases de canto.

Paco Sierra, barítono más conocido por ser esposo de Esperanza Iris, célebre cantante, que por su carrera, tampoco era de los amigos cercanos de Roberto, pero a éste le simpatizaba por atento y porque había organizado un coro con los internos con el que le llevaba mañanitas en su cumpleaños. No hablaban de la razón que llevó al cantante a la cárcel muchos años antes de que Roberto llegara, pero su caso fue un escándalo de la farándula y algo había llegado a los oídos de este último. Sabía que en 1952, junto con su coacusado Emilio Arellano Schetelige, Paco Sierra había colocado una bomba en un avión DC-3 de Mexicana de Aviación, para cobrar cerca de dos millones de pesos del seguro de vida de seis pasajeros a quienes habían asegurado previamente y cuyos beneficiarios eran el propio Paco, su amante, Concepción Manzano, y su amigo Hermenegildo Mondragón Ramírez. La bomba estalló en el compartimento de equipaje, que en ese entonces no se revisaba, cuando el avión acababa de salir de la Ciudad de México hacia Oaxaca. La habilidad del piloto logró que la nave aterrizara en el aeropuerto militar de Santa Lucía, con un saldo de un muerto y varias personas con quemaduras.

Roberto llegó a ver a la gran cantante de ópera mexicana, Esperanza Iris, visitar a su esposo. Era muchos años mayor que él. Roberto no sabía que esa acaudalada dama, dueña de un hermoso teatro, era una actriz que logró alcanzar la fama internacional, y era considerada la reina de la opereta, ni que en Brasil la conocían como la Emperatriz de la Gracia, y que obtuvo una condecoración de las manos del Rey Alfonso XIII de España.

Lo que sí sabía era que Paco Sierra tenía una hermosa voz, era amable, buen conversador, de buenos modales. El divo hizo labor cultural en el penal: tenía grupos musicales, coros y elencos teatrales. En 1962 murió la gran cantante mexicana y Roberto vio a Paco muy afligido algún tiempo, luego se casó con María Esperanza Bautista, con quien tuvo cinco hijos. El 11 de noviembre de 1965, Paco fue enviado a la Penitenciaría de Santa Martha, en Iztapalapa.

En esos días gratos de finales de 1960, cuando Alberto, el también sentenciado por la muerte de Agustina, ya había sido enviado a Santa Martha, Roberto había logrado no sólo un alto grado de adaptación, sino también las ventajas que la cárcel le podía dar: su familia entraba por la puerta principal, dejó sus celdas porque le asignaron un lugar amplio dentro de la panadería. Lo arregló con esmero y compró refrigerador, consola, televisor, recámara y un comedor. Ganaba veinte pesos diarios de sueldo oficial y tenía la concesión de la Coca-Cola, vendía dos camiones de esta bebida cada semana. Con sólo descargar, ya ganaba el doble de lo que le había costado. El Palacio Negro ya era un poco su palacio.

Llevaba cinco años en el penal cuando llegó Carmelo a Lecumberri. Este hombre había salido libre del Tribunal para Menores. Roberto nunca supo por qué, si fue el que planeó el asalto. No había sabido de él, únicamente lo que le dijo Alberto, pero ahora estaba ahí, una vez más, por robo.

—Mayor, te tengo una nueva —le dijo a Roberto un preso— en la A, la de reincidentes, está Carmelo.

– Tráiganmelo.

Capítulo XII

Roberto recordó, mientras esperaba que le llevaran a Carmelo, el rostro de éste cuando lo invitó a tomar una cerveza el día del asalto, con una ceja levantada, entre altivo y amigable; y luego durante el careo, cuando lo inculpaba con una seguridad de experto en la mentira. Sentía que las manos se le enfriaban y la boca salivaba. Era consciente de que podía mandarlo matar, cualquiera de sus hombres cercanos lo haría sin problema y nadie sabría quién había sido. Pensó en su mujer y en su hija.

—¿De verdad tengo tanta rabia como para mandarlo matar? ¿Qué lograría aparte de convertirme de veras en asesino? Pero estoy aquí por su culpa —tuvo tiempo para decirse, luchando consigo mismo. Cuando vio a Carmelo temeroso, flanqueado por dos hombres, Roberto sintió más coraje aún, ya no era el muchacho cínico, seguro, temerario que recordaba. Los dos ayudantes que habían llevado a Carmelo miraban a Roberto expectantes, como si pidieran autorización, pero él nunca había mandado matar a nadie, ni a Villa, quien representaba un peligro de muerte para él. Esa no sería la primera vez.

— ¿Por qué ordenaste que dijeran que yo maté a Agustina? —dijo Roberto con rabia, tan fuerte que lo escucharon todos en la panadería.

—Por miedo, Rober, quería salvarme, no quería matarla, el pendejo de Alberto la mató.

—Y, ¿por qué dijiste que fui yo? —preguntó Roberto avanzando un paso hacia él. Los tres hombres retrocedieron automáticamente y Carmelo dijo:

—Nos atraparon y había una muerta, estaba asustado, pensé en echarte la culpa porque habías estado con nosotros en la lonchería.

Creí que si decíamos que tú la habías matado, a nosotros sólo nos juzgarían por robo y saldríamos pronto, como siempre.

—Eso no servía de nada, los cuatro entraron a robar, los cuatro fueron responsables.

—Pero no lo sabía, sé que te fregué, Roberto, perdóname, perdóname, quería salvarme, sólo en eso pensé.

Roberto lo vio con desprecio. Se preguntaba cómo habían salido libres como menores él y José Luis siendo mayores que Alberto, quien fue sentenciado a treinta y un años.

—Este desgraciado planeó todo, pero aunque quisiera decir la verdad, ya no hay nada que hacer respecto a mi proceso, ya perdí el amparo —pensó y moviendo la cabeza con una especie de rabia resignada dijo:

— ¡Lárgate, hijo de la chingada! Regrésenlo a su crujía.

Salió de la panadería, caminó hacia el campo deportivo para serenarse y tomó la decisión de olvidarse de Carmelo y recomendar a José Villa Rentería como jefe de la D.

—Al enemigo hay que tenerlo cerca. —pensó.

Villa había pertenecido a la Dirección Federal de Seguridad y aunque su trato con Roberto era respetuoso y hasta amistoso, éste olía su envidia, tenía demasiado colmillo para no descubrir en sus miradas, gestos y algunos comentarios que le tenía coraje de rivalidad.

—Este es mala alma, si lo elevo bajará su envidia —resolvió Roberto.

Apenas unos días después, Roberto tuvo que soportar la ironía de ver a Carmelo salir por la puerta principal del Palacio Negro. En septiembre de 1961 recibió una carta suya. Roberto leyó con tristeza y coraje que Carmelo decía la verdad con seis años de retraso, sentía que el daño más grande que le habían causado no era la pérdida de su libertad, porque se sentía libre y cuando se le presentaba el anhelo de hacer lo poco que en su territorio no podía, como conocer el mar, o ver un partido de soccer en un estadio, trataba de no desear lo que era inútil ambicionar. La cárcel no lo había vencido, pero él nunca iba a estar seguro de que las personas que le importaban creyeran en su inocencia.

—Aquí vivo tal vez mejor que afuera, pero tengo derecho a estar donde yo quiera y a que se sepa que estoy pagando lo que no hice —pensó, mientras veía caminar apresuradamente hacia su departamento a su cocinero, y le dijo a su chalán: — Dile al Miniputo que mate un par de palomas y me las prepare como me gustan, en caldillo de jitomate para cenar y prepara mi uniforme porque mañana tengo partido de fut.

La carta decía lo siguiente:

Estimado Roberto: Por la presente quiero que sepas que estoy apenado por lo que te ocurre, pues sé que en gran parte yo tengo la culpa por haber ocultado a las autoridades toda la verdad en el proceso que se nos siguió ante ellos, pero nadie tanto como yo sabe que efectivamente tú no tuviste que ver nada en la muerte de la señora Agustina Morales Villaseñor, pues yo que participé en el asalto a dicha señora y que además fui uno de los dos que encontraron dentro de la tienda supe exactamente que Alberto Hernández Rodríguez fue el que privó la vida a dicha señora.

Tal vez tú te preguntarás el por qué hasta hoy te envío la presente, pero creo que comprenderás también que la vida es bastante dura y que en el juzgado todos tratamos de salir lo mejor librados que se pudiera, desgraciadamente echándote la culpa sin medir las consecuencias que hoy estás sufriendo por nuestra culpa. Sé que a través del tiempo uno va cambiando su modo de pensar y ser y ahora cada vez que me acuerdo de ti, sabiendo que eres inocente y que te encuentras pagando un delito que tú no cometiste, y que afortunadamente yo tampoco, pero que sé quien fue, se me hace un nudo en la garganta.

Indiscutiblemente que a todas las gentes les parecerá extraño que después de casi seis años, venga a decirte esto, pero debes comprender también que nosotros estábamos demasiado chicos y que después de los golpes que nos dieron los agentes de la judicial, al igual que a ti, no tuvimos más remedio que el de echarte la culpa. Además de que por miedo a incurrir en contradicciones más tarde, nosotros seríamos los que hubiéramos cargado con el homicidio ya que en la procuraduría los agentes nos dijeron que ya no fuéramos a cambiar nuestras declaraciones y que nos sostuviéramos en lo que ya habíamos declarado, por lo que te juro que es esto lo que más me remuerde la conciencia.

Bueno, Roberto, espero en Dios y te deseo de todo corazón que te encuentres bien. Sin más por el momento se despide de ti Crisóforo Sánchez Rodríguez.

Una de las historias que llamaron mucho la atención de Roberto fue la de Fidel Corvera Ríos, quien ya estaba en Lecumberri cuando él cayó. Roberto notaba que Fidel era un joven deportista, preparado, le parecía buen muchacho, que no tenía problemas de drogas cuando consiguió su libertad preparatoria y se fue, pero volvió a caer.

En 1958, recién salido, participó en un asalto a la camioneta de la tesorería del Departamento Central del Distrito Federal, delito que se presumió estuvo planeado por Hugo y Arturo Izquierdo Ebrad, que fueron sus compañeros de prisión. Roberto, que todo observaba, pensó que Fidel salió de Lecumberri infectado de la forma de pensar de los hermanos Izquierdo. Fidel consiguió la libertad y la perdió. Roberto ya había visto que muchos de los que salían regresaban, pero eran los que sólo en la cárcel tenían techo y comida seguros y los que lo que mejor sabían hacer era robar, pero le costaba trabajo entender que alguien con oportunidades y preparación se expusiera a volver al Palacio Negro.

En el periódico se detallaba que Arturo Izquierdo había sido el encargado de la tienda general del penal y siguió siéndolo inclusive cuando salió libre, por lo que tenía conocimiento del itinerario de la camioneta. El día del atraco, huían en el vehículo asaltado, Fidel Corvera y Julián Plata quién conducía. Un agente de tránsito vio la persecución y se acercó a la puerta de la camioneta, Fidel lo mató de un disparo. Julián se metió en una calle sin salida y se vieron obligados a continuar la huida corriendo. Julián logró escapar, aunque posteriormente se entregó al ver que tenían detenido a su padre. Fidel fue aprehendido y volvió a la cárcel con otros cargos, pero ahora, uno de homicidio. En la camioneta estaba un vigilante amordazado y otro delincuente, Juan Galicia González el Tejocote, posteriormente uno de los mejores futbolistas del equipo de Roberto y a quien puso como capitán de la segunda fuerza.

Ya de vuelta en *casa*, Fidel Corvera Ríos le pedía a Roberto que le dejara ver el box en su tele los sábados que había pelea. Asistía con otros amigos y trabajadores de Roberto y llevaba su cocaína, que ya era su compañera, en un frasquito de penicilina. Inhalaba y le ofrecía a Roberto.

—No, gracias, a mí no me gusta eso, a mí invítame un buen coñac —decía Roberto, quien sentía que su intención era enviciarlo y convertirlo en un buen cliente. Roberto había visto hombres arrastrarse por conseguir mariguana. Había observado a algunos cortarse las venas cuando se sentían cansados por falta de ese terrible consuelo que les daba la heroína, porque decían sentir la sangre pesada, insoportable, ardiente y necesitaban hacerse una sangría. Cuando alguna vez uno de la F le había ofrecido droga como agradecimiento y Roberto la rechazó, ese hombre le dijo

—Qué bueno que no te gusta esto, maestro, es un maldito infierno.

Fidel Corvera Ríos nunca fue su amigo, Roberto le dejaba ver el box en su televisor y Fidel le encargaba un pastel de vez en cuando para su esposa que lo visitaba los domingos, pero a Roberto le costaba trabajo entender cómo ese hombre alto, apuesto, deportista con escolaridad, había quedado libre y estaba ahí de regreso.

Ya con otra sentencia encima y sin esperanzas de salir, Fidel se dedicó a traficar en la cárcel, hasta que algún chivatón lo puso, lo denunció, entraron los agentes del servicio secreto a su celda y al encontrar cocaína fue a dar al castigo. Allí planeó su fuga, tomando en cuenta que la contramuralla que separaba el campo deportivo del resto del penal sólo tenía un vigilante en un torreón que daba a las calles Héroes de Nacozari.

Un sábado por la tarde, caminaba Roberto hacia su departamento deliciosamente cansado y aporreado, de su partido de futbol y vio correr al capitán Nicho, Dionisio González Esparza, hacia la contramuralla. Siguió su camino, intrigado. Después de darse un baño fue a la puerta de la panadería, esperó que el capitán hiciera su recorrido acostumbrado y lo invitó a tomar un café para oír de sus labios lo ocurrido, pues ya le habían llegado las versiones de algunos internos de la J, crujía de los homosexuales que estaba junto al torreón mencionado.

Había respeto, admiración y cariño entre el capitán Nicho y Roberto. El primero era un viejo serio, mesurado que tenía muchos años en Lecumberri, y Roberto apreciaba su carácter firme, que no abusaba de su autoridad y siempre sintió su estimación. El capitán Nicho tomaba su café con su acostumbrado sosiego, como la ocasión en que Roberto lo vio limpiar la sangre de la punta (varilla con mango de cordón) con la que el Negro Reséndiz había matado a la Cuija y le decía:

— Pero, mira nada más, Negrito, cómo le metiste a la Cuija esto tan grande.

Y el Negro contestó con la misma calma:

— Si hubiera estado más grande, con el mismo gusto se la encajo, mi capi.

Con la serenidad de entonces, a pesar de lo que acababa de vivir, el capitán narró a Roberto lo ocurrido: Habían puesto una escalera que se usaba para reparaciones, en la contramuralla; el capitán llegó en el momento de la fuga, vio correr a Fidel sobre la muralla mientras subían la escalera Tony Espino y el Cachorro, asesino de Sevilla. El vigilante del torreón estaba apuntando de frente a Fidel con su máuser y Nicho alcanzó a escuchar que le decía suplicante:

—Bájate, Fidel, no la friegues, te tengo que disparar. — El capitán Nicho disparó e hirió a Fidel, que lanzó al vigilante hacia el interior de la cárcel y logró escapar aferrado a un cable. Leopoldo Necoechea, se deslizaba por fuera de la contramuralla sujeto a otro cable que se rompió y, en la caída, se fracturó las piernas, otro disparo del capitán mató a Tony Espino y el tercero fue el que hirió al Cachorro en el cuello dejándolo varios minutos agonizando.

Fidel escapó herido en una pierna y atravesó el canal del desagüe, pero finalmente lo reaprehendieron. En los días que tardaron en volver a atraparlo, los periódicos lo bautizaron como "El Enemigo Público Número Uno". Al llegar esa tercera vez a Lecumberri, entró directamente a la enfermería. El general Martín del Campo pidió su traslado a la penitenciaría, donde posteriormente asesinó a Leopoldo Necoechea y a Dagoberto Quintanilla, a quienes apodaban "Asesinos S. A." Finalmente lo mataron a él también.

Cuando Roberto vio a Fidel recién recapturado en silla de ruedas sintió coraje por no comprender y le dijo:

— Lo lograste, Fidel, ya te desgraciaste.

Después de recibir la carta de Carmelo, Roberto recibió otra noticia, que, lejos de preocuparlo, le dio alegría a pesar de su juventud y de su lugar de residencia: tendría otro hijo. El 9 de marzo de 1962 nació su hijo varón. Sentía que ser padre era tan natural como fácil. Decidió que lo educaría para ser triunfador, lo enseñaría a ser respetuoso y trabajador, sin preguntarse siquiera cómo se hacía semejante hazaña.

Dos meses después se giró un oficio para trasladar a Roberto a la penitenciaría de Santa Martha Acatitla por estar ejecutoriado, sin embargo, el director de Lecumberri solicitó que lo dejaran depositado ahí, lo que fue un alivio para Roberto. En ese tiempo, leía con interés la revista *Selecciones*, descubrió con emoción lugares bellos del planeta con el libro *Treinta y tres Ventanas al Mundo*, leyó la Constitución y estudió por correspondencia para contador público en la Escuela Bancaria y Comercial.

Llegó a sus manos el libro *Sea su propio psiquiatra* de Frank S. Caprio y se hundió en sus páginas porque sentía que algo andaba mal en él, que se volvía cada vez más agresivo con los presos bajo sus órdenes y que le obedecían más por temor y coraje que por respeto. Con la lectura iba entendiendo el por qué de su agresividad e hizo cambios importantes, sin menoscabo de su autoridad. Daba órdenes con firmeza, pero con respeto y sentía el aprecio de muchos. Cuando sorprendía a uno de sus trabajadores en alguna primera falta, o hurto, corregía y advertía; la segunda vez, corregía enérgicamente y amenazaba con enviar al castigo, así que si reincidía, lo enviaba al castigo sin más explicación. Un día le avisaron que el Chato no quería trabajar, que estaba sentado en un rincón en el piso de la panadería. De pie frente al Chato le dijo:

— ¿Por qué no estás trabajando?

—No quiero trabajar, general. Roberto y los que escuchaban se sorprendieron de la simplicidad de su respuesta.

—Levántate, tienes que hacer lo que te corresponde —dijo Roberto.

— No quiero trabajar y no voy a trabajar.

— Te voy a mandar al castigo, Chato, tu escogiste este trabajo.

— ¿Y a poco al castigo no llega el rancho?

La respuesta lo divirtió más que causarle enojo.

—Déjenlo —dijo y, para sorpresa de algunos, no lo envió al castigo.

Su responsabilidad creció cuando fue nombrado jefe del área de deportes en 1963, sin dejar de ser jefe de la panadería. Lo primero que Roberto ordenó fue que los internos salieran al campo a hacer deporte, o a correr, en vez de salir a la instrucción militar. Organizó torneos de futbol, de béisbol, de box, mandó hacer una cancha de basquetbol y mejoró las condiciones del campo.

Para él, jugar futbol fue una formidable válvula de escape de sus muchas tensiones. Con los entrenamientos de la semana y el partido del domingo, que esperaba con ansia, se desahogaba, gritaba, corría, empujaba, competía. Disfrutaba grandemente la sensación del baño después del partido, el ardor de los raspones con el agua caliente le producían placer.

Roberto había encargado a Luis Elizalde, empleado del almacén de productos de la cárcel, todas las diligencias con la Liga de Futbol Presidente Calles, a la que pertenecían los equipos de Lecumberri. Le encargó que consiguiera un escudo con las siglas de su equipo: Morelos Futbol Club, y Luis compró escudos del Madrid Futbol Club, del Real Madrid, que tiene las mismas letras. Roberto estimaba a Luis y éste tuvo ocasión, años después de demostrar cuánto estimaba a Roberto.

Consiguió cinco campeonatos y muchos trofeos. Uno de los momentos más felices que experimentó en la cárcel, después del nacimiento de sus hijos, fue cuando escuchó tocar el "Hala Madrid", el himno del club español Real Madrid, a la hora de la lista. Todos los presos formados en el patio, en silencio, se tocó porque su equipo había jugado contra el Vinos Fénix de la Liga Española, partido en el que perdieron 4 - 3. Este suceso fue transmitido por radio por José Antonio Landazábal, el Moro, famoso cronista deportivo.

Su trabajo en el área de deportes le dejó a Roberto muchas emociones, satisfacciones, una herida de cuatro centímetros en la ceja izquierda y fractura de maléolo y peroné de la pierna derecha. La lesión en la frente fue el resultado de un encontronazo de cabezas que buscaban la pelota. Se llevaron a Roberto a la enfermería y no permitió que lo cosieran, pidió que le pusieran unos vendoletes, para volver al partido, pero al volver a la cancha, el árbitro no le permitió regresar.

Cuando se fracturó la pierna, lo vendaron en la enfermería, pero obviamente no pudo caminar. Lo revisó su amigo, el doctor Morales, quien le dijo que era fractura, que pidiera una radiografía, así que lo enyesaron.

Los domingos llegaba su familia desde temprano para el partido. Su hijito se emocionaba viéndolo jugar y festejaba feliz los goles que metía. Consiguió para su equipo de soccer al famoso entrenador Antonio Azpiri, de los once hermanos que formaban parte del Necaxa. Éste le avisó que su equipo jugaría contra el América de primera división que los visitaría. Los jugadores profesionales de este equipo capitalino les llevaron un costal con balones, convivieron con los presos y Roberto platicó con Walter Ormeño, portero peruano del América. Invitó al Cruz Azul, que en ese año pasó a primera división, luego al Zacatepec y años después, invitó al Atlante, que traía como entrenador precisamente a Ormeño.

Roberto sabía que estando libre nunca hubiera tenido oportunidad de jugar, como lo hizo en la cárcel, con verdaderas figuras del futbol profesional como el Charro García, Genaro Tedesco, el Charro Lara, los hermanos Farfán, José Antonio Roca, Norberto Boggio y muchos más. Roberto jugó futbol como hombre libre.

Su equipo. Roberto abajo al centro y Galo abajo a la derecha.

Capítulo XIII

El doctor Roberto Morales Reyes fue otro amigo disparejo de Roberto. Distinto en edad y en estudios, al menos. Estaba ahí por haber intentado matar a su esposa. Le dio tres tiros en la cara y la señora sobrevivió. Morales Reyes era uno de los más prestigiados ortopedistas del país, dueño de la Central Quirúrgica, conocido hospital de la Ciudad de México en esa época. En el penal era profesor y estimaba a Roberto. La hermana del doctor Morales le llevaba a diario un portaviandas con alimentos que, unidos a los de Roberto en la mesa, hacían una fiesta de la hora de comer. A veces se agregaban otros amigos. El doctor, frotándose las manos decía con gusto: —A comer, tocayito.

Después de los alimentos extendía servilletas de papel, le dibujaba el esqueleto humano y le hablaba con pasión de la belleza de su oficio. Le describía las meticulosas técnicas para evitar que un miembro fuera amputado, — porque —decía— la ortopedia es construir, no destruir.

A Roberto le parecía una especie de médico carpintero, pues usaba para devolver el movimiento, clavos, tornillos, martillo, destornillador, brocas, pinzas. Al doctor le gustaba enseñar al amigo, regalarle algo de lo que sabía de medicina. Roberto disfrutaba mucho de su charla y aprendía de su lado luminoso.

El doctor Morales y Roberto

En 1964 Roberto llevaba nueve años en Lecumberri, cuando llegó un nuevo habitante, querido y admirado mexicano, militar, ganador de la medalla de oro en los Juegos Olímpicos de 1948 en Londres, en equitación con Arete, su maravilloso alazán tuerto. Roberto ya estaba acostumbrado a que en su palacio cayeran, de repente, personas prestigiosas, artistas, médicos sobresalientes, empresarios, pero éste era algo parecido a un héroe. Generalmente estas personas especiales con dinero y preparación iban a la crujía I, donde estuvo Kaplan.

Llegó, pues, el general Humberto Mariles que, en un incidente de tránsito, disparó su calibre treinta y ocho contra Jesús Velázquez Méndez. Llevó al hombre alcoholizado y herido a recibir atención médica, el baleado fue operado y dado de alta, pero por una negligencia médica, le dio peritonitis y una semana después de la disputa falleció. Al general no pudieron evitarle la prisión ni Adolfo Aguilar y Quevedo ni Arturo Chaim, dos de los mejores y más prestigiados abogados en aquel momento, que se encargaron de su defensa.

El general Mariles contaba con la simpatía y admiración de influyentes líderes, pero se había ganado la antipatía de Adolfo Ruiz Cortines, presidente de la República de 1952 a 1958. El caballista tuvo la osadía de decirle de frente lo que pensaba de su administración delante de sus colaboradores cercanos, a quienes les pareció que Mariles había sido atrevido e irrespetuoso.

—Usted no será nadie cuando termine su mandato y yo seguiré siendo general y amado por México —dijo Mariles, dando por terminada aquella conversación.

El infortunado altercado en el que se vio envuelto el caballista y en el que perdió la vida un hombre, le dio la oportunidad idónea al ex presidente de la República de demostrar al general su poder. Así que influyó para que el campeón olímpico estuviera en Lecumberri siete años.

Fue recibido por Roberto y esa primera noche en la cárcel cenó con él en su departamento en la panadería donde, en adelante, pasaría mucho tiempo. Convivieron cerca de seis años. Una extraña amistad surgió de la necesidad del general de estar cerca de un preso que era obedecido por custodios e internos y sabía todo lo relacionado con ese lugar al que no pudo evitar llegar. Roberto tenía comodidades, entre ellas, teléfono, que Mariles ocupó varias horas al día durante el tiempo que estuvo recluido. Pero Roberto, por su parte, se sentía bien protegiendo a ese hombre tan singular, que sólo Lecumberri pudo hacer que fuera su amigo. El general de cincuenta años, Roberto de treinta, seguramente aprendieron mucho el uno del otro, a pesar de que el general nada hablaba ni de su proceso ni de su familia. De las cosas que más admiraba Roberto del campeón, además de su generosidad para con los necesitados, era su disciplina, empezando por su alimentación. Lo veía llegar con su maletín en una mano y una manzana en la otra, después de su baño, a desayunar con él huevos tibios, un plato de verduras cocidas y café, mientras veía el enorme filete con huevos montados y bolillos recién horneados, jugo de naranja y búlgaros que le servían a Roberto dos de sus ayudantes. Todos los días le llevaban a Mariles una botella de vidrio de un litro, envase para leche, llena de pulpa de zapote negro, también le llevaban hígado, o pescado y verduras.

Roberto empezó a darse cuenta de la admiración y respeto que mucha gente sentía por Mariles debido a las personalidades que lo visitaban, como Miguel Alemán Velasco, hijo del ex presidente Miguel Alemán Valdés, quien lo había llamado a Londres en 1948, después de haber obtenido el oro, para felicitarlo. Este joven visitante de finos modales dejaba un grato olor al pasar. Roberto llegó a ver un libro que le dejó a Mariles por encargo de su padre, quiso hojearlo y vio que el interior tenía hojas cortadas, formando un escondite para billetes. Sonriendo lo cerró.

Francisco Rubiales, Paco Malgesto, era compadre de Mariles y lo admiraba y, como Paco siempre supo ser muy buen amigo, visitaba con frecuencia al general y convivía con Roberto. Éste sabía muy bien que Malgesto era un comunicador muy importante y querido, cronista taurino, cuyas narraciones y comentarios jocosos e inteligentes disfrutaba cuando lo veía en las corridas de toros y otros programas en su tele. Admiraba su clase y su don para comunicar, cómo se documentaba para hablar de cualquier tema o de cualquier artista en el Estudio Raleigh, de Pedro Vargas. Y ahí estaba, Paco Malgesto sentado a su mesa, visitando a un amigo.

Paco Malgesto y Humberto Mariles.

De Paco recibió muchas muestras de amistad, pañuelos, postales y otros obsequios de sus viajes a Europa. En una ocasión, llegó Malgesto a visitar a su compadre con Marco Antonio Muñiz, amigo mutuo, Roberto estaba feliz y emocionado por conocer a Marco, pero no perdía su postura de jefe y dueño de la situación. Recordó que en aquellos desconcertantes y difíciles días, cuando perdió su libertad, estaba de moda la canción "Historia de un amor", que grabaran Los Tres Ases, con Marco, como su integrante de voz grave y única. Roberto amaba las canciones de los tríos. Cuando Marco Antonio Muñiz hizo aquella visita ya era solista y muy admirado por todo México. Roberto mandó preparar langosta y otros platillos; también estaba invitado el capitán Guanaco, autoridad del reclusorio a quien Roberto estimaba y respetaba desde que quiso ayudarlo para que pudiera despedir a su abuela. No podía ofrecer abiertamente bebidas alcohólicas. Roberto observó que Marco, el Lujo de México, estaba indispuesto, con signos claros de cruda, así que discretamente ordenó que vaciaran un poco de refresco de manzana y pusieran coñac en su lugar en la botella. Con una mirada logró que Marco comprendiera que beber el sidral que le ofrecía le ayudaría a sentirse mejor.

—Permíteme servir tu refresco en este vaso —dijo Mariles a Marco.

—Deja que tome de la botella, Humberto y siéntate —intervino Roberto. El Pollo, un amigo que visitaba al general, se dirigió a Roberto muy serio:

— ¿Por qué le hablas así a mi general? respétalo.

—Para ti es tu general, para mí es mi amigo, fue la respuesta.

Ocho días después, Paco llevó a sus dos hijos, Marcela y Paquito a saludar a su padrino, el general y para que conocieran a Roberto. Muy lejos estaba éste de sospechar que, años más tarde, tendría una estrecha relación con esos jovencitos.

Seguía aprendiendo de las conversaciones que afloraban en su comedor, como la que tuvo con el general Renato Vega, que festejaba comiendo con Mariles su nombramiento como jefe de la policía:

—No sabes en qué aprietos me veo cuando llegan líderes de transportistas y otros con sobres llenos de dinero.

— ¿Y qué haces?

—Nada, los regreso.

—No, Galápago, pero, ¿cómo? Hay que ser honrado, pero ¿honrado, honrado, honrado, honrado?

Roberto escuchaba con atención y, moviendo ligeramente la cabeza, sonrió.

De izquierda a derecha Roberto Viñals (del equipo ecuestre de Mariles) visitante, Miguel Alemán Velasco, visitante, el general Mariles y Roberto.

El primero de septiembre de 1967 nació un tercer descendiente, una segunda hija, saludable y hermosa. Tenía prisa por conocerla, se sentía bendecido. Esta muchachita trajo a la vida de Roberto muchas alegrías con sus ocurrencias y su encanto. Para él, ella era como la única fuente que había en Lecumberri, cerca del campo deportivo, alegraba su alma con sus graciosos sonidos de agua viva.

Con una gran fiesta, Roberto despidió ese año, se sentía tan bien que salió de su departamento con una botella de coñac en la mano y fue a donde celebraban algunos panaderos. Les dio la botella y ellos, a cambio, le ofrecieron un vaso de pulque que habían preparado clandestinamente con levadura. Roberto aceptó el pulque sin preguntar nada, brindaron y sus subordinados quedaron contentos y agradecidos.

El Celotes, le decían a uno de los ayudantes de Roberto, tenía una esposa árabe muy guapa llamada Sofía Kafusi y se le veía desesperado si su mujer se retrasaba unos minutos. Muchos internos sufrían del mismo mal, pero el Celotes reclamaba a su señora con gritos y ofensas y, muchas veces, Sofía salía llorando.

—Cálmate, Celotes, sufres a lo tonto, ella tiene otras obligaciones y hay muchas razones por las que se le puede hacer tarde. No te vaya a suceder que te quedes esperándola para siempre.

El Celotes era muy diferente con Roberto: había cruzado la línea que separa al servicial del lambiscón y chismoso. Roberto utilizaba algunos informes, pero no podía evitar sentir cierto desprecio por él, aunque era muy diligente, hasta le sacudía cualquier pelusa de su ropa. Siempre le llevaba chismes de que alguno se quejaba o hablaba mal de él, hasta que un día lo hartó y, para darle una lección, le dijo:

—A ver, trae a ese cabrón aquí en este momento, vamos a hablar los tres.

La reacción del Celotes era la que Roberto suponía, cuando titubeante dijo:

—No, por favor, general, me tiene coraje y si sabe lo que te dije, me lo echo encima.

—Arregla tus problemas como hombre, a mí no me utilices para vengarte de nadie, contestó Roberto— vete de aquí.

Cuando Roberto lo vio retirarse, estaba muy cerca de la sala de defensores y alcanzó a ver ahí una cara conocida. Caminó hacia esa persona sin dejar de verla y llegaron a tropel los recuerdos de su última noche en libertad, después del asalto a la tienda de Agustina, cuando estuvo en casa de ese muchacho para pedirle trabajo en la cantina de su papá.

— Sí, es Galo —se dijo— ¿qué pudo haber hecho?

Galo había comprado un auto que resultó ser robado. Consciente de que era víctima y no delincuente, no quiso dar el soborno correspondiente y ahí estaba, indignado y temeroso recibiendo la visita de su bella y angustiada esposa, a la que Roberto conocía. Era abogado, un hombre joven, dedicado al trabajo y a su familia, y estaba seguro de que no pasaría ahí más que algunos días.

Por supuesto que Roberto lo protegió, pero, como siempre observaba, veía en la mirada de su amigo una mezcla de sorpresa y miedo. Más tarde le confesaría:

—Claro que te tenía miedo, veía tu esclava y tu anillo de oro y brillantes, me daba cuenta de que ordenabas y todos te obedecían y me pregunté quién eras, en quién te habías convertido. Pensé que serías un capo de la droga. Además me dio mucho coraje que me dijeras con tanta seguridad que tardaría como seis meses en salir, si yo no había hecho nada.

Roberto sabía que Galo era un buen futbolista y lo integró al equipo de primera fuerza. El recién llegado veía cómo transcurrían las horas de Roberto entre el trabajo, el deporte y el estudio.

—Pero, Rober, hay cosas que no entiendo —decía— tienes joyas, mantienes a un familión, estás construyendo una casa y mandas a los custodios a comprar lo que se te antoja. En ese momento llegó un celador, entregó a Roberto un paquete.

— El oficial de la puerta te manda esto que acaba de llegar —dijo y se fue.

Capítulo XIV

Roberto puso el paquete en la mesa y empezó a sacar el contenido con lentitud deliberada, pues sentía la mirada atenta de Galo y le divertía la situación. De veras este cree que soy un gánster, se decía, debe suponer que aquí hay droga. El misterioso paquete traía dos pollos a la leña, una charola de camarones empanados, papas, chiles y en la parte de abajo dos botellas de whisky Ballantine's, que Roberto había pedido por teléfono.

—Vendo dos camiones de refresco por semana, tengo una fuente de sodas en la sala de defensores, donde puse a un ayudante a vender tortas con pan de la panadería y guisados de las cocinas, que me deja trescientos pesos diarios sin invertir un centavo. Vendo pan dulce, hielo y leche. No tengo necesidad de meterme en broncas de drogas —le dijo a su amigo a carcajadas—, genero dinero, ganan los que me atienden los negocios, le doy a las autoridades para que me dejen producir, no inventé cómo se hacen las cosas aquí, mejoro lo que puedo. El dinero que aquí obtengo me lo tengo más que ganado sin hacer daño a nadie —concluyó. Galo estuvo menos de un año y fue el padrino de bautizo de su segunda hija.

Roberto transformó la panadería. Contrató treinta albañiles de los muchos que había internos para reparar los cuatro hornos, pintar, poner piso de granito, que se hacía en la cárcel, poner azulejo en las paredes. Diseñó tableros fijos que permitieron que se hiciera más pan, los que había tenían patas de madera que se aflojaban. Mandó hacer al taller de fundición bases de hierro donde se montaron tablones gruesos. Dio indicaciones en el taller mecánico para construir paso a paso una molinilla, para refinar la masa. Renovó totalmente los sanitarios. Mandó hacer una vitrina de hierro y vidrio con puertas corredizas para el bizcocho. Por medio de oficios al director conseguía lo que pedía para estos cambios, solicitó también una mayor compensación económica para los panaderos para evitarles la tentación de robarse materia prima o pan. Nada quedó de la sombría panadería en la que empezó a trabajar en Lecumberri, así que, cuando había visitantes, los directores mostraban con orgullo ese lugar.

En 1968 Roberto decidió llevar un registro de personalidades que visitaban el penal y en particular *su* panadería. Le impresionó contemplar de cerca la belleza de la famosa actriz mexicana María Felix, que ya entonces era un ser mitológico. La veía tan real y sin embargo no eran reales su caminar, sus elegantes y altivos movimientos, ni su indescriptible perfume. La escuchó reclamar al director del penal que permitiera salir al general Humberto Mariles, puesto que ella lo había visto de compras en El Palacio de Hierro. Roberto pensó:

— ¡Ah qué mujer tan hermosa como habladora! A todos les encanta inventar cosas sobre este lugar. De aquí no sale nadie y si saliera, yo lo sabría.

El director sólo dijo:

—No, señora, el general nunca ha salido.

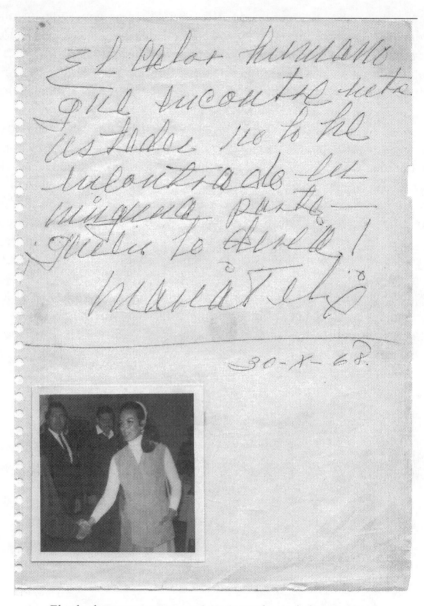

El calor humano que encontré entre ustedes no lo he encontrado
en ninguna parte - ¡Quién lo diría! María Felix.

Roberto hizo una comida para algunos jueces a quienes les aseguró
que podían entrar con toda confianza, aunque había internos que ellos
sentenciaron. Su asistencia fue una satisfacción para él y también dejaron
en su libro algunas palabras. Verlos en su mesa tratándolo con respeto le

proporcionaba una sensación de íntima revancha. El juez segundo penal escribió: "Le deseo que al término de su justa, o injusta condena y al reunirse con los suyos, tenga la tranquilidad y felicidad que se merece por su esfuerzo, trabajo y admirable conducta dentro del penal."

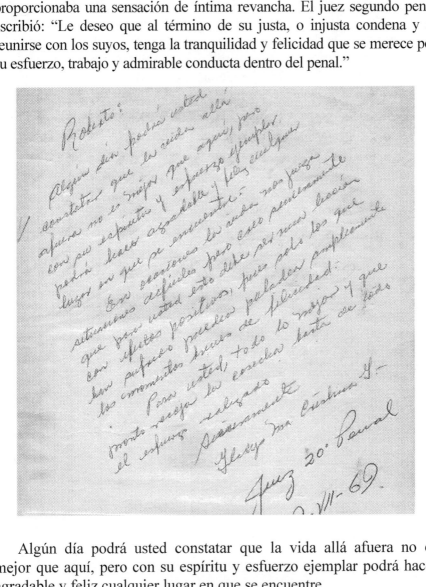

Algún día podrá usted constatar que la vida allá afuera no es mejor que aquí, pero con su espíritu y esfuerzo ejemplar podrá hacer agradable y feliz cualquier lugar en que se encuentre.

En ocasiones la vida nos juega situaciones difíciles, pero creo sinceramente que para usted esto debe ser una lección con efectos positivos, pues sólo los que han sufrido pueden paladear ampliamente los momentos breves de felicidad.

Sinceramente, Gladys María Cristina García Guerrero, Juez 20 Penal.

Un visitante que dejó en Roberto un grato sabor fue Raúl Velasco, reconocido periodista y conductor del programa de televisión *Siempre en Domingo*, que duró más de veinte años al aire y que fue el medio que dio a conocer a muchas estrellas del ambiente musical del país. Roberto había observado a muchas personas y sintió que fueron honestas sus palabras de admiración y el ofrecimiento de su mano cuando lograra su libertad.

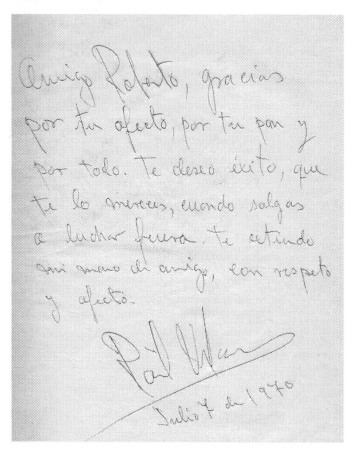

Amigo Roberto, gracias por tu afecto, por tu pan y por todo. Te deseo éxito, que te lo mereces, cuando salgas a luchar fuera, te extiendo mi mano de amigo, con respeto y afecto. Raúl Velasco.

El general Puentes Vargas conocía a algunas destacadas cantantes. Cuando invitó a visitar el penal a Enriqueta Jiménez, la Prieta Linda, famosa intérprete de música vernácula, Roberto recordó que en la H estaba depositado un joven compositor y cantante a quien invitaba para que amenizara sus reuniones. Roberto solía recibir en su departamento a vecinos de su esposa, familias enteras a quienes agasajaba con alimentos y con el trío del penal, o el grupo tropical, muy buenos músicos, pero desde que escuchó al joven con su guitarra, sólo lo llamaba a él. Le daba la impresión de que estaba desesperado porque supieran que su canto era valioso. Le pidió al general que le presentara a la Prieta para que lo escuchara.

El joven estaba ahí por robo y Roberto lo admiraba por su voz y sus canciones que todos recordaban y tarareaban. Se veía que disfrutaba cantar, así que asistía con gusto cuando Roberto tenía visitas. Aunque lo reprendía cuando, después de tomar alguna copa, sus modales se volvían exageradamente femeninos y le daba por bailar. Este compositor regaló a Roberto una libreta con muchas canciones, que con el tiempo millones de personas escucharon. Mucho se ha dicho en periódicos y revistas de ese encuentro entre el muchacho y la Prieta Linda que fue muy importante en la carrera de ese joven. Sus canciones lo convirtieron en una figura conocida, los mejores intérpretes querían grabar sus temas, como la cantante española Rocío Durcal, que con sus canciones consolidó su carrera en México. Este cantautor es querido más allá de México desde hace muchos años. Como suele suceder con los que destacan, muchos se atribuyen anécdotas, historias, favores que le hicieron. Roberto sólo sabía que se encontró con él cuando le acababan de otorgar la libertad bajo fianza, le escuchó decir con alegría que necesitaba doscientos cincuenta pesos para pagarla, así que le dio, como había hecho con otros, la cantidad que representaba ese empujoncito a su libertad y al inicio de su carrera como Juan Gabriel.

Como corresponsal de un periódico argentino llegó a Lecumberri Celina Rivier, joven esbelta de grandes ojos negros y largas pestañas, tez blanca y lozana. Iba recorriendo el penal guiada por el director, llevaba una falda entallada y tacones altos, ni el director podía evitar mirarla con detenimiento. Cuando llegaron a la panadería Roberto la escuchó decir con ese acento de su tierra que en ella le pareció agradable:

—Me interesa ayudar en lo que mi oficio me permita a los internos, quisiera conocer algunas historias, general.

Llegaban al lado de Roberto y fueron presentados. El general explicaba los cambios con los que Roberto mejoró la producción y el lugar de trabajo de muchos reclusos. Entraron en su departamento, Celina hacía muchas preguntas a este interno que parecía intrigarle y tomaba notas, observaba sus libros y su colección de discos donde había desde los clásicos, hasta la música de las grandes bandas, como Glenn Miller, Jimmy Dorsey y otros. Hablaron mucho, ella parecía no querer irse. Roberto la admiraba y le habló de los errores cometidos en su proceso y de la familia que había formado. Celina publicó algunos artículos sobre él y se hicieron buenos amigos. Él le platicó que había cumplido las dos terceras partes de su condena.

— Estoy tramitando mi libertad preparatoria, pero no me hago muchas ilusiones —le dijo.

— ¿Por qué?

—Mira, bonita, ya aprendí que no por ser justo se alcanza lo que se anhela, ya en otras ocasiones he esperado salir y que se sepa la verdad y no lo he logrado.

Para obtener la libertad preparatoria, aparte del tiempo de reclusión, se tomaba en cuenta si el interno había trabajado y si había tenido buena conducta. Si se le otorgaba, por reglamento enviarían a Roberto a Santa Martha, donde se le realizaría un estudio psicológico y él sabía que, si bien era estimado por muchos, también podía haber quien sintiera envidia y quisiera perjudicarlo. Celina regaló a su nuevo amigo la ilusión de abandonar su pueblo en cuarentena sin tener que ir a Santa Martha, pues tenía contacto con el secretario de gobernación, Carlos Armando Biebrich, y con el procurador general del Distrito, el doctor Sergio García Ramírez. Celina estaba indignada con el indebido proceso después de haber leído el expediente y se empeñó en lograr lo ofrecido.

Este cautivo adaptado a su mundo se dio permiso de soñar con un nuevo comienzo. Era el final del sexenio del presidente Gustavo Díaz Ordaz y había muchos presos políticos del movimiento estudiantil del 68, que ocupaban la crujía C, había de tres tipos: algunos rebeldes idealistas, otros simplemente revoltosos que se apoderaban de camiones y hacían desmanes para protestar por... por... ni ellos mismos sabían por qué. Hubo uno que le dijo a Roberto que porque le caía mal el presidente trompudo. Pero el tercer tipo lo formaban los muchos inocentes que habían sido levantados por equivocación e invitados con brutalidad a firmar declaraciones prefabricadas. Roberto lo sabía porque a él lo llamaba el director de la cárcel cuando ingresaban en grupos numerosos, a veces hasta de madrugada.

Para esas ocasiones Roberto había mandado traer a los presos más preparados, que sabían escribir a máquina. Los había organizado para que fueran tomando los datos de los recién llegados en el comedor de la crujía H. Este espacio tenía largas mesas y bancas de cemento y en el día era utilizado como sala de defensores. Los recién llegados, jóvenes en su mayoría, entraban formados con las manos en la cabeza y se sentaban frente a la línea de escribientes. Roberto sabía, también, que el resto de la población del penal no simpatizaba mucho con ellos porque no los obligaban a formarse para ser contados dos veces al día, como a los demás, amén de otros motivos de envidia, como el hecho de tener el privilegio de ser estudiantes y tener visitas de familiares y amigos que les llevaban desde alimentos hasta libros.

Roberto no tenía tiempo de sentirse víctima, estaba muy ocupado haciendo que la panadería funcionara cada vez mejor, organizando el área de deportes, torneos de futbol y disfrutando las visitas de su familia. Lo que sabía del Movimiento era a través de lo que los periódicos de la época *podían* difundir.

Alguna vez se acercó curioso a dos de estos estudiantes presos que hablaban mucho del comunismo en Rusia. Preguntó si en ese país había panaderías y le contestaron que sí.

— ¿Quiénes las manejan?

—El Estado —fue la respuesta.

— ¿Le pagan igual a todos los que intervienen en la elaboración del pan, gana lo mismo el maestro que el chamaco?

Como la respuesta fue negativa, seguía queriendo entender esa igualdad de la que hablaban. ¿De verdad creerán que dejará de haber pobres y que todos podemos ser tratados como seres valiosos? pensaba y se preguntaba también la razón que impulsaba a tantos a protestar de la manera en que lo hacían. Le hubiera gustado hablar con una bella periodista de ojos claros y piel muy blanca que había visto en varias ocasiones en el polígono hablando con Demetrio Vallejo, luchador de los derechos de los ferrocarrileros, porque había leído que a ese hombre lo acusaban de ser comunista. Se preguntaba por qué le interesaba tanto a esa dama lo que él pudiera decir. Estaba seguro de que ella podría aclarar algunas de sus dudas.

—Es Elena Poniatowska —le dijo el director del penal en una ocasión en que lo sorprendió observándola. Pero nunca se animó a acercarse a ella.

Se terminaba diciembre, también un día de visita y Roberto jugaba dominó, como hacía a menudo, en su departamento con el director de entonces, el general Andrés Puentes Vargas y con su amigo Felipe Cantón, jefe de las cocinas, cuando llegó el subdirector, el mayor Bernardo Palacios Yáñez, para informar al general que algunos de los presos políticos no dejaban que sus visitantes abandonaran el penal y ya debían haber salido, que se estaban amotinando en el redondel más de ochenta presos y que se estaban exaltando los ánimos.

Roberto, el general, el mayor Palacios y Cantón fueron, inquietos, al lugar del problema. Al acercarse, Roberto vio que Cabeza de Vaca, líder estudiantil, estaba al frente de los rebeldes reunidos con una improvisada pesa de cemento y lata en cada mano, con las que ejercitaba su musculoso cuerpo. Tenía las rodillas semiflexionadas y una actitud amenazante. Aunque eran muchos, Roberto distinguió al, ya entrado en años, maestro José Revueltas, a Rico Galán, a Marcué Pardiñas, a quien en muchas ocasiones le había permitido usar el teléfono.

Presos y familiares levantaron la voz al ver acercarse al general Puentes Vargas, algunos gritaban insultos, todavía había luz de día, Roberto sabía que las cosas se pondrían más difíciles al oscurecer.

—Calma, calma —dijo—, el general va a hablar con ustedes. Salieron los familiares que aún quedaban en la cárcel. El mayor Palacios les dijo a los presos que regresaran a sus crujías, pero nadie se iba, se juntaban entre sí formando un bloque humano.

Puentes Vargas intentó dialogar, se llevó la mano a la cintura, movimiento que provocó un sonido de temor de la gente, de donde salió un proyectil que pasó cerca de su cabeza y le pegó al Padrote, un ayudante de Roberto, que parecía cuidarle la espalda. El Padrote debía su apodo a su galanura varonil, que lo había metido en muchos problemas de faldas. Se dolió y le dijo a Roberto

— Fue una botella de Coca-Cola, creo que no me abrió la cabeza, no te apures.

El general dio instrucciones al mayor Palacios y a Roberto de controlar la situación sin sangre y se retiró. Palacios ordenó que se abrieran las crujías F (para vagos y mal vivientes) y D (para acusados de delitos de sangre).

—Vamos a encaminarlos a la crujía C, les dijo Roberto. Rebasaban en número a los estudiantes, iban avanzando con empujones y trapazos, acorralándolos para que entraran a su crujía. Palacios se fue y, repentinamente, Roberto se descubrió solo en el centro entre los presos políticos y los del fuero común, muy alterados tanto unos como otros. Sentía la adrenalina invadiendo su cuerpo, como cuando jugaba uno de esos partidos de campeonato de futbol, sólo que ahora no estaba ausente el miedo. Se le acercó uno de sus ayudantes diciendo:

—Déjanos ponerles en su madre, general, ya le sacaron un ojo a uno de los nuestros.

—No, yo soy cuarenta y nueve por ciento autoridad y cincuenta y uno por ciento preso. Ellos son presos también. Nada de sangre, sólo hay que meterlos a su crujía.

Cuando estaban muy cerca del cajón de la crujía B, Otón Sánchez, jefe de esa crujía, tomó a Roberto del brazo y le ofreció un cuchillo para defenderse. No lo aceptó.

—No me van a hacer nada, no les he hecho ningún daño.

En varias ocasiones, Raúl Álvarez Garín, jefe de la crujía C, le había pedido permiso para que los estudiantes salieran al campo deportivo en días que no les tocaba.

—Hoy le toca a los de la F y puede haber problemas — dijo Roberto una de esas veces.

—El campo es muy grande, yo controlo a mi gente, ocuparemos otra área, no habrá bronca —contestó entonces el líder estudiantil.

—Está bien, tú hazte cargo de los tuyos, voy a hablar con Vega, jefe de la F, para que controle a los suyos y no haya problema — había accedido Roberto en aquella ocasión.

Ese anochecer de motín había un raro sonido como de murmullos de rabia y miedo. Finalmente, los estudiantes que iban llegando a su crujía, se metían amontonados, buscando protegerse, en las primeras celdas: ocho, diez o más personas, y cerraban, así que muchas celdas quedaron abiertas y solas a merced de los que, por las circunstancias, pisaban por primera vez esa crujía de presos a los que envidiaban. Se robaron todo lo que encontraron, volteaban catres y ahí ponían todo lo que encontraban, libros, ropa, relojes. Se llegó a ver al Pichi, uno de los hijos de Francia, como se les decía a los más pobres de los pobres, vistiendo una bata de seda, causando las carcajadas de sus vecinos de la F.

Algún tiempo después Roberto leyó la narración que hizo de estos mismos hechos el escritor José Revueltas, preso que vivió este momento. Le molestó que dijera que el director de Lecumberri había disparado la carga de su pistola al aire para amedrentar, cuando el general no había estado armado en esa ocasión. Y que los presos de la D, la F y la E golpearon y arrojaron piedras y tabiques a los del Movimiento, pues era falso. *"¿De qué podrá servir a estos infelices la Fenomenología de Hegel, o la* Estética *de Lukács, o los Manuscritos de 1844 de Marx, o la correspondencia de Proust con su madre?"*, escribió el intelectual y Roberto leía sintiendo la arrogancia de esas palabras. Pensaba en la gran cantidad de inocentes que estaban en Lecumberri por no tener quien se ocupara de su defensa, como él y que no habían tenido la oportunidad de ir a la escuela, a diferencia del que escribía.

Celina Rivier logró que el secretario de gobernación, Carlos Armando Biebrich, enviara al psiquiatra Talalleros a Lecumberri para realizar los estudios correspondientes a Roberto, con la orden de que saliera de ahí, sin pasar por Santa Martha. Ella parecía más entusiasmada que él sabiendo que le había evitado ese peligroso traslado a su amigo, a quien cada día le parecía más real la posibilidad de abandonar su mundo, pero había visto a varios recibir puñaladas minutos antes de llegar a la puerta y todavía frenaba su entusiasmo.

Su esposa quería casarse por la iglesia y Roberto vio en ello una oportunidad de demostrar que no lo había vencido la injusticia, así que decidió hacer la boda en grande precisamente en el Palacio Negro. Humberto Mariles le comentó este proyecto a Jacobo Zabludovsky y éste envió una reportera a conversar con Roberto y a proponerle televisar su boda por el canal dos. El director de la prisión consideró que no era prudente, pues estaba muy reciente el problema del Movimiento Estudiantil.

Asistieron más de cien invitados de fuera y de dentro, se hizo un altar en el salón de actos de la cárcel, se llenó de flores. El padre Rosas de la Vega, un bondadoso sacerdote, a pesar de estar recién operado de la columna y todavía con molestias, celebró la Eucaristía, con permiso de la Vicaría. La música estuvo a cargo del mariachi del penal, la cena la llevó una compañía de banquetes.

En la cárcel se oficiaba misa los domingos y había una capillita en cada crujía, pero Roberto no asistía, quizá porque pensaba que era un acto de debilidad. Se había sentido abandonado por Dios muchos años atrás, pero algo en su interior le decía que no había perdido del todo la fe, que Dios no lo libró de Lecumberri, pero tampoco lo abandonó. Sin embargo, el matrimonio religioso era para él sólo una tradición, no sabía lo que era un sacramento, ni había hecho su Primera Comunión ni se confesó antes de la boda. Sólo amaba a su esposa y quería complacerla y gritar con esa ceremonia: No me compadezcan, no me venció la adversidad.

Poco tiempo después, fue electo presidente Luis Echeverría Álvarez y nombró director del Palacio Negro a un doctor que llegó haciendo cambios. Escuchó hablar de Roberto y, en el afán de demostrar que su administración sería diferente, desvió el curso del río de acontecimientos que llevaban a Roberto al deseado mar.

Capítulo XV

Luis Echeverría Álvarez comenzaba su sexenio presidencial. Habían transcurrido unos días del año 1971. Roberto se despedía de su esposa en la panadería cerca de las dos de la tarde, cuando llegó un oficial informándole que el director había ordenado que lo llevaran a Previsión Social, que lo esperaba la julia. A Roberto le pareció muy raro, porque esas diligencias se hacían a las nueve de la mañana. Le avisó a su señora y sacó de su caja fuerte treinta mil pesos que se echó a la bolsa del pantalón; también le dio dinero a su mujer y envolvió en periódico un paquete de cien billetes de un peso que regresó a la caja. Sólo ese paquete quedó dentro, porque, a medida que se iba haciendo realidad su libertad preparatoria, le había ido dando a su esposa las joyas y dinero que ahí guardaba.

Cada vez que se había ordenado su traslado a Santa Martha, el director en turno había solicitado que lo dejaran depositado en Lecumberri. Roberto sabía que Celina había conseguido que saliera de ahí, pero había nuevo director y Roberto no descartaba otra mala jugada de la vida que parecía estar empeñada en mantenerlo aislado.

Roberto tomó una carpeta donde tenía todos los documentos que ordenaban su libertad, sólo faltaba el salvoconducto que entregaba la oficina de Previsión Social y le dijo al oficial que iba a llamar a don Miguel Basáñez, jefe de todos los talleres. El general Alfonso Corona del Rosal, jefe del Departamento del Distrito Federal había creado, dos años antes, este cargo, que siempre había tenido el director del penal. Había una buena relación de trabajo y amistad entre Basáñez y Roberto y éste quiso avisar que se quedaba sola la panadería. Cuando habló con él le dio la impresión de que Basáñez ya estaba enterado de que se iba. Fue como una segunda alerta de que algo no andaba bien. Si me fueran a llevar a Santa Martha, me tendrían que haber notificado, pensó. Llegó a la puerta de la panadería y se encontró con el mayor Palacios.

— ¿Ya dejó todo bien, Roberto?

— Sí, todo en orden, Mayor.

— Que le vaya muy bien —le dijo en un tono entre afectuoso y compasivo que a Roberto le pareció decididamente una despedida definitiva y no lo que se dice a quien sólo va a una diligencia y regresa. Empezó a recorrer el camino hacia la julia en un estado de alerta que se iba convirtiendo en tensión al ver que en todo el trayecto no había un solo preso. Volteó a ver al oficial que le sonrió muy amable rehuyendo su mirada. Seguían caminando, la puerta trasera del vehículo ya estaba abierta, sentía que lo encaminaban con sigilo como a una fiera. Instintivamente abrazó su carpeta y subió por fin. Cerraron la julia con demasiada prisa y se sentaron dos oficiales frente a él; en los asientos delanteros iba otro oficial junto al conductor. En ese momento creció la sospecha de que lo llevarían a Santa Martha. Pensaba en el peligro que significaba llegar a donde estaban sólo los sentenciados, sin esperanzas de salir ni miedo de matar, a donde él no tenía amigos ni colaboradores.

Salió por la puerta Oriente, todavía tenía la esperanza de estar equivocado. Si se va derecho, es cierto que vamos a Previsión Social —se dijo, pero llegando a la calle Sastrería, la julia dio vuelta a la izquierda. Me llevan a Santa Martha, ¿por qué?, ¿quién cambió la orden?, ¿por qué sin notificarme?, ¿por qué con mentiras?

Ya convencido de que no lo llevaban a donde le habían dicho, miró interrogante a los oficiales, sin decir palabra y uno de ellos dijo asintiendo con la cabeza y los ojos:

—Sí, mano, ni modo.

Les pidió papel y un bolígrafo para escribir un recado a su esposa. Le decía lo que pasaba, que no se preocupara y que se encontraba bien, que si veía mal escritas esas palabras, era por el movimiento del vehículo. Uno de los oficiales le ofreció entregar el papel a su señora. Sus pensamientos se atropellaban uno tras otro y, de repente, recordó que había dejado su pistola bajo su almohada. La había comprado a uno de los ayudantes del director del penal en 1966. Si la encontraban, le abrirían otro proceso y perdería el beneficio de la libertad preparatoria. ¡Eso, no! — pensó, pero su rostro estaba sin expresión alguna.

—¡Ah! otra cosa, hermano —dijo— dile al Che que por favor recoja todo lo de mi cama, ¿sí? — Claro, yo le digo.

Roberto sabía que no tenía muy buena relación con el Che desde que éste se había hecho cargo del manejo de la droga. Meses atrás, le habían ofrecido a Roberto ocuparse de eso, pero, al negarse, empezaron a quitarle muchas concesiones, como la venta del refresco y del hielo y se las habían dado al Che. Esto no le preocupó mucho, pues sus mayores ingresos venían de la panadería y este cargo no se lo podían quitar. Ningún otro jefe había durado tantos años en el cargo.

A pesar de que las circunstancias los iban convirtiendo en enemigos, Roberto tenía esperanzas de que el Che lo salvara, le había hecho muchos favores y nunca lo había agredido.

Enseguida recordó cómo fue la llegada del Negro Reséndiz a Santa Martha, después de haber matado a muchos internos, entre ellos, a Sevilla, a quien, junto con el Cachorro, llenó de puñaladas. Se relató en *La Prensa* su muerte y además se lo habían contado a Roberto otros presos. El Negro era muy temido y sabía que corría peligro al llegar a Santa Martha Acatitla. Desde que entró a su nueva prisión ofrecía desesperado quince pesos por un cuchillo. No lo consiguió. Uno de sus enemigos ya había ordenado que lo mataran y varios internos le devolvieron, en una escalera, algunas de las puñaladas que había dado, el primer día en ese penal para sentenciados.

Roberto entró a Santa Martha. Sabía que Mariles estaba recién llegado a ese lugar y en el área administrativa pidió que le hablaran. Su amigo no podía hacer mucho por él, pero le consiguió hacer una llamada telefónica, llamó a Celina, que estaba en Acapulco, le había dejado los teléfonos para localizarla y los traía en su carpeta. Ella se sorprendió mucho con la noticia de su traslado y tomó un avión para volver de inmediato. Celina se comunicó con el entonces procurador doctor Sergio García Ramírez, pero lo único que éste pudo hacer, dadas las circunstancias, era una llamada al recién nombrado director de Santa Martha para recomendar a Roberto. Sólo podía avalar su conducta y, desde luego, eso no lo protegía de los otros presos. Roberto volvió a encontrarse con el miedo, que hacía tiempo no sentía, ahora de perder la vida estando la libertad tan cercana en manos de algún envidioso o resentido.

Le ofreció dinero al comandante del Cuerpo de Vigilancia para que lo dejara estar cerca de las oficinas. Como a las seis de la tarde, llegó su esposa con uno de sus cuñados. Ya había recibido el recado que redactó en el camino y le llevó una cobija, estuvo un rato. Roberto se quedó platicando con Mariles hasta que llegó la hora del conteo, las ocho de la noche. Quería quedarse pero le dijeron:

—Tienes que ir a tu celda.

Le asignaron el dormitorio uno y le abrieron la puerta que daba al campo deportivo que tenía que atravesar para llegar a los dormitorios. La distancia le pareció enorme, el temor que sentía le impedía disfrutar el grato olor a tierra mojada y el sonido de los grillos. Se armó de valor y empezó el recorrido solo; escuchaba sus pisadas, su corazón, su respiración y a los grillos. Apenas llevaba unos metros cuando se le unió Vega y luego Pizarro, que lo saludaron con afecto, habían jugado en su equipo de futbol en el Palacio Negro. Roberto respiró con cierto alivio y continuó caminando. A la mitad del campo ya lo rodeaban diez conocidos que lo llevaron con el jefe del dormitorio uno, que resultó ser el barítono Paco Sierra.

Se abrazaron y platicaron un rato. Roberto invitó a cinco de sus conocidos a cenar en una fondita. Pidió café con leche y huevos revueltos que le fueron servidos en vaso y plato de plástico. Miró unos instantes esos utensilios y sonrió pensando que apenas esa mañana había reprendido a la Jarocha, el preso que le servía sus alimentos, por llevar a su mesa un plato de su vajilla desportillado. Era muy exigente y nunca usaba nada de plástico. Habían pasado sólo unas horas y todo había cambiado. Llegó a su mente la canción que su hermano Luis le cantaba: *"Las torres que en el cielo se creyeron un día cayeron en la humillación."* Iba asimilando sus alimentos al mismo tiempo que digería y aceptaba su nueva condición, cuando entró Julián. Era un hombre con fama de maldito, que conocía a Roberto y que ahí tenía mucho control. Llegó con el Tuerto, su asistente, y al ver a Roberto dijo:

—Um, parece que esto se está llenando de influyentes. Esto no me gusta nada.

Quienes cenaban con Roberto lo observaban, como esperando su reacción, que fue de seguridad, de control de la situación, de tranquilidad, como si no hubiera oído, o como si no le importara lo que había escuchado. Terminaron de cenar y deliberadamente, dejó que salieran todos para hacerlo él al último, demostrando su aplomo.

Esa noche en su celda no podía, ni quería dormir, fue muy pesada.

—El cuerpo tiene un límite de resistencia —se dijo y se durmió. La mañana siguiente trajo un nuevo reto: ¿Dónde se bañaría? Roberto sabía que muchos habían sido apuñalados bañándose. Logró que lo dejaran darse un baño en una de las oficinas que tenían ese servicio. Luego, en un pasillo se encontró nuevamente con Julián, que le vendía un número para la rifa de un reloj, como hacían a menudo muchos presos. Roberto lo compró y viéndolo a los ojos le dijo:

—Ya sabes que aquí el que manda eres tú, yo ya me voy, por mí no te preocupes.

Y pensó: No es bueno que éste sienta amenazada su autoridad con mi presencia.

Llegó el domingo, cuando los presos recibían sus visitas en el patio, todos juntos y Roberto, que estaba con su esposa, dijo al verse rodeado de otros internos que iban a pedirle dinero para su droga:

— Déjenme en paz, les daré cuando se vaya mi visita.

Roberto se enteró por su esposa de que el Che le había dado su pistola a Luis Elizalde, su fiel delegado en la liga de futbol, quien, sin importar poner en peligro su trabajo en la cárcel, se la llevó a su señora. Roberto que escuchaba con aparente serenidad, pues le interesaba sobre manera lo que oía, no pudo evitar sonreír. Cerró unos instantes los ojos pensando: el Che también tiene su lado blanco y ese Luis de veras me quiere. El sábado anterior a su salida, le pidieron que jugara con el equipo de internos el partido que les daría el campeonato de liga, si lo ganaban. Le llevaron su uniforme y le ofrecieron el brazalete de capitán como muestra de gratitud y reconocimiento. Esto significó mucho para él, lo emocionó y en ese partido sentía, olía, veía venir una vida nueva. Metió dos goles, ganaron y su rostro tenía una sonrisa de triunfo. No hubo muros que contuvieran su alegría. Permaneció un mes en Santa Martha.

Capítulo XVI

El 19 de febrero de 1971, todavía dando los últimos pasos hacia su renacimiento, seguía frenando su alegría. No podía evitar esa euforia mezclada con ansiedad que aumentaba a cada paso que daba, pero tenía presente que del plato a la boca se cae la sopa. No estoy libre hasta que esté fuera, se decía. Bien sabía que era posible que alguien acabara con todo a unos pasos de su nueva vida. Atravesó por fin esos últimos metros y estaba fuera. Tendría que presentarse a Previsión Social a firmar cada mes durante ocho años, para seguir pagando el crimen que no cometió.

Su esposa y sus tres hijos se veían diferentes ahí, en la orilla de ese mundo que iba a empezar a redescubrir, se veían más suyos, más su responsabilidad. Arreglados con mucha propiedad, emocionados, sonrientes y llorosos a la vez. Estaba Celina con una sonrisa de triunfo. Lo esperaban también el profesor Everardo Gámiz Fernández, presidente del PRI en el Distrito Federal, algunos periodistas y el general Andrés Puentes Vargas, ex director del penal, que siempre trató a Roberto como a un colaborador más que como a un interno en Lecumberri. Era su amigo y antiguo compañero de juego de dominó y ajedrez. Lo abrazó y lo llevó al estadio Azteca, después de dejar a su familia en la casa que, aún sin acabados, habitaría con los suyos.

Jugaba la selección de México contra la de Rusia. Roberto experimentó asombro ante las dimensiones del estadio, le impresionó el verde intenso de la cancha desde lo alto y le producía un raro escalofrío ese desconocido sonido como rugido de fiera gigantesca que emanaba el Azteca lleno. Trataba de asimilar que estaba viendo en vivo esa especie de santuario de su amado deporte. ¡Cuánto pan tendría que hacer para tantas almas!, pensó. Otra de las cosas que llamó su atención fue escuchar que se decían muchas majaderías delante de las mujeres, lo que no sucedía en el lugar de donde venía.

Hubiera llorado de dicha, de no haber practicado tanto el control para sobrevivir, pero reía sin freno, con alegría de niño-hombre, disfrutando hasta los gritos de los vendedores. Miró al cielo y sintió miedo ante la desconocida sensación de inmensidad. Volteó a ver a Puentes Vargas sin decir nada y éste contestó en silencio, sonriendo y asintiendo con la cabeza.

Conoció, al fin, su casa y empezó a vivir realmente en pareja, como jefe de familia. Tenía treinta y seis años, quería vivir, ver, aprender.

En cuanto salió de prisión le ofrecieron colaborar en el PRI. Marina Mazó, jefa de celadoras y diputada, lo recomendó, le dieron su credencial como auxiliar del comité ejecutivo, pero no le interesó. También le ofrecieron un puesto en la policía. Consideró que lo que había aprendido de la forma de pensar de diferentes tipos de delincuentes, le ayudaría en ese oficio, pero tampoco quiso ese camino. Tenía que encontrar una nueva vía para cubrir las necesidades de su familia.

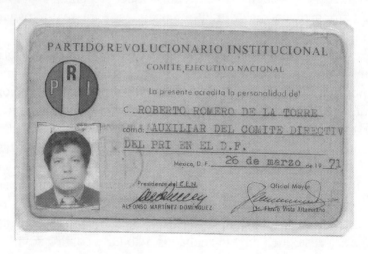

Su cuñada le presentó a una prestamista, madre de Rafael, un amigo de ella y Roberto empeñó un alhajero con varias joyas con un valor muy superior a los cincuenta mil pesos que pidió para poner una panadería. Ofreció rescatar su alhajero en un mes, grande era la confianza que se tenía, pero cuando llegó con el dinero cinco días después, Rafael ya traía puesto el reloj y la esclava de Roberto. La prestamista simplemente dijo:

—El plazo se venció hace cinco días, ni modo.

Le costó trabajo asimilar lo que le hacía la señora. Empezaba a ver cómo era su nueva realidad.

Comenzó a trabajar en su panadería desde las cinco de la mañana, repartía pan a dos expendios, observaba con asombro que la gente en libertad era más perezosa e irresponsable. El tiempo sólo le alcanzaba para el negocio, trabajaba más y ganaba menos. Una noche llegó cansado a su casa, los niños dormían, quería relajarse viendo la televisión, pero sabía que faltaban unas cuantas horas para empezar otra jornada de trabajo haciendo pan y tratando de hacer que la gente fuera más eficiente y honesta, así que, antes de irse a dormir se dijo: No, Rober, hace muchos años que no tienes callos en las manos, no te gusta ser burro, esto es una especie de prisión en la que no estás dispuesto a vivir. Asignó tareas claras y especificas a su papá y hermanos que conocían el oficio y dejó la panadería en sus manos, pero en poco tiempo ya debían harina, huevo y manteca. Así que, antes de que pasara un año, liquidó deudas y le dijo adiós a esa ruta.

Después de cerrar la panadería, Celina lo presentó con el doctor Sergio García Ramírez en la Procuraduría del Distrito.

—Te quedaste corta con lo que me platicaste de él — dijo el doctor a la periodista, después de hablar con Roberto. Instruyó a su secretario para que le hiciera una cita con los dueños de la cadena de panificadoras Trevi. Le ofrecieron trabajo, pero no lo aceptó porque dos mil quinientos pesos le parecieron muy poco sueldo. No tenía idea de que fuera de la cárcel eso era un buen salario en ese momento.

Tenía poco tiempo fuera del Palacio, cuando Puentes Vargas le pagó una deuda con un viejo Ford Fairline. Se puso al volante y, como quince años atrás le habían empezado a enseñar a conducir, subió a su familia al auto y recorrió su camino muerto de miedo, pero con actitud de *sé lo que hago*.

Iba adaptándose a la ausencia de los vasallos que le servían antes de que pidiera nada, a compartir la cama, el armario, el tocador, el televisor, las decisiones y el manejo de los recursos. Notaba que también a su esposa le afectaba el cambio, nunca antes la había visto celosa, por ejemplo. Le parecía que hasta entonces conocía lo que era estar casado.

Roberto sabía que había aprendido a ser buen administrador y quería ejercer su carrera de contador y ahí estaba su amigángel Celina, que lo contactó con el doctor De Angelo, director de un proyecto llamado DEMPLA (Distribuidora Editora Mexicana para Latinoamérica), cuyo gerente sería el ingeniero Roberto Basave Aguirre. Le asignaron el área de crédito y cobranzas, cargo que implicaba recorrer toda la República, así que su *obligación* sería realizar lo que tanto deseaba.

Compró folletos de cada estado en donde DEMPLA tenía distribuidores, tomó treinta estados de cuenta de diferentes clientes y los organizó por entidad federativa y luego por municipios trazó su ruta y salió con muchas ganas a su aventura.

Experimentó una gran satisfacción cuando hizo la primera cobranza a Enrique Gómez Corchado, secretario general de la Unión de Voceadores de México. El hecho de que éste pagara un cheque de quinientos mil pesos a una editora era un acontecimiento y llamó a un reportero para que sacara una foto en el momento de la entrega. Otro buen cliente fue la Distribuidora Librolandia de Hermosillo, con más de noventa librerías en el Pacífico. También tenía clientes en Monterrey, Tijuana, Chihuahua, Guadalajara, y Puebla. Primero se transportó en autobús, después en su auto y más tarde viajaba en avión y tenía dos ayudantes a los que enviaba en autobús.

Sus ojos y su alma se saciaban de bellos paisajes y conocía gente. Con su forma decidida de hablar y enseñando a los clientes a entender sus estados de cuenta, cobraba todo, hasta los más morosos le pagaban. No faltó algún desobligado que se creía intocable por su amistad con el gobernador de su estado, que le dio problemas, pero hasta él pagó. Este empleo le permitió terminar de construir y amueblar su casa y pagar la educación de sus hijos.

Como padre era muy amoroso, quería darles todo, convivir con ellos, pues sólo los había tenido como visita. Los llevaba a la escuela y los disfrutaba mucho. En 1974 nació su hija menor, se volcó en cuidados, cambiaba pañales y la llevaba a donde podía.

Una mañana se encontraba conduciendo por el camino de San Andrés Tuxtla a Catemaco, después de un buen baño y un sabroso desayuno, disminuyó la velocidad casi hipnotizado al contemplar un pedacito de mar esmeralda que se unía con el cielo azul añil y una exuberante vegetación. Se le llenó el alma de belleza y dijo:

— Éste debe ser el paraíso terrenal del que hablan.

Nada de su pasado había afectado su capacidad de gozar la belleza.

La editorial Abril de Argentina surtía a DEMPLA; los dueños de esa surtidora tuvieron problemas y se vieron obligados a salir de Argentina. Abril se fue a la quiebra y esto ocasionó la bancarrota de DEMPLA y la liquidación de Roberto. Pero éste había hecho buena amistad con Jorge Álvarez Cuadra, gerente de Industrias Gráficas Jak's que elaboraba las pastas de los fascículos que distribuía DEMPLA, y fue invitado por su amigo como subgerente. Jak's ganaba mucho con DEMPLA, así que también le afectó la quiebra de su cliente principal.

Roberto buscó otro camino y se fue a trabajar a la empresa de su compadre Galo: Contratistas e Inversionistas Asociados A. P. Le organizó su contabilidad.

—Ay, compadre, no tenías idea de lo que en realidad vale tu negocio. Toma tu primer estado de cuenta —dijo con gusto a Galo.

Tenía poco tiempo trabajando con su compadre cuando una tarde recordó las palabras que Raúl Velasco escribió en su libro de visitas seis años atrás. Tomó el teléfono pensando: tal vez ni siquiera logre que me comuniquen con él, pero no pierdo nada con intentarlo. Dio su nombre, esperó un poco y no sólo le contestó el señor Velasco, sino que lo recibió esa misma tarde. Roberto estaba asombrado al comprobar que lo que escribió ese hombre tan exitoso en aquella visita a la cárcel, era verdad, le estaba ofreciendo una mano amiga a él, un ex convicto, y escuchó a Raúl decirle, sonriente

— ¿Cuánto quieres ganar?

Rápidamente pensó: en DEMPLA ganaba diez mil pesos al mes.

— ¿Te parecen doce mil mensuales?

— ¿Con eso tienes?

Vuelve a su interior —¡Ah, caray! Y en voz alta

—Déjame demostrarte primero que mi trabajo es eficiente y luego te pediré un aumento. Fue la última vez que le habló de tú, a partir de su contratación, siempre se dirigió a su jefe con el respetuoso *usted*.

Llegó feliz a su casa, pero empezó a preocuparse diciéndose:

— ¿Y tú qué sabes, Roberto, de asuntos migratorios? ¿Cómo que te vas a encargar de traer a los artistas extranjeros para el programa *Siempre en Domingo*? No se trata de manejar una panadería. No, pero voy a comprar lo que consiga sobre las leyes de inmigración, libros, reglamentos, lo que sea, aprenderé y responderé a la confianza.

Raúl Velasco habló con el señor Azcárraga, dueño de la televisora Televisa, para informarle, o pedir autorización de contratar a alguien que había estado en la cárcel. Debió ser convincente porque no hubo objeción. Solamente Alejandro Garza, coordinador general del programa y Rafael Altable, administrador, sabían de la situación de Roberto, sin embargo nunca tocaron el tema. Hasta ese momento no había sido obstáculo para ganarse la vida el tener un antecedente penal, para su sorpresa.

El primer encargo de Roberto fue internar al país a Julio Iglesias para actuar en *Siempre en Domingo*. El mecanismo implicaba tener contacto con la compañía de discos del artista, con la Asociación Nacional de Actores (ANDA) y con la Dirección General de Servicios Migratorios. El objetivo era que, cuando el artista actuara, tuviera el documento migratorio FM 3 que le permitiera trabajar en México. Cuando recibió a Julio Iglesias al pie del avión, usando la credencial que le daba acceso, éste le preguntó:

— ¿Quién es el número uno en México?

— Tú, Julio.

A Roberto le simpatizó. Empezaba a conocer la necesidad y la búsqueda de fama. Todo salió bien y, como siempre observaba, iba aprendiendo a realizar su nuevo trabajo de la mejor forma y en el menor tiempo e iba cultivando relaciones con la ANDA y la Secretaría de Gobernación. El señor Altable, cercano colaborador de Raúl Velasco, le advirtió:

—Los artistas son muy especiales, Roberto, hay que tratarlos con pinzas.

Roberto sabía alternar con diferentes tipos de presos y autoridades y estaba consciente de que sería diferente tratar con artistas, sólo que pensaba: Todos estamos hechos del mismo barro y tenemos algo en común. Sólo una de las figuras que trajo a México se quejó de cierta brusquedad en su trato y cuando Altable se lo hizo notar, Roberto le dijo:

—La arrogancia de este señor hizo que se me cayeran las pinzas, pero no volverá a suceder.

Una mañana recibió una llamada de un compañero del Palacio que le sorprendió gratamente. Desayunaron en el hotel donde se hospedaba y platicaron sin parar como colegialas después de vacaciones, de sus tiempos en Lecumberri. Su amigo lo invitó a pasar una semana en Nueva York, donde vivía y le obsequió su boleto.

—Te veo en el aeropuerto, Beto, nos vamos a divertir —le dijo al despedirse.

Roberto organizó todo para poder hacer ese viaje. Era 1980 y la primera vez que viajaba a Estados Unidos. Ya en esa ciudad cenaron disfrutando más de sus recuerdos y la plática que de los alimentos y el vino. Roberto admiraba por vez primera, a través del ventanal, un paisaje nevado, mientras lo arropaba el calor de la chimenea cercana a su mesa en el restaurante. Una bella mujer pasó por ellos y los llevó en un Cadillac a Long Island, donde vivía con el amigo. Roberto no quería arruinar el grato momento preguntando a su camarada a qué se dedicaba, sabía que todo ese lujo y bienestar costaba mucho dinero. Ojalá que se trate de que esta señora tiene una fortuna y mi amigo la conquistó, pensó. La siguiente mañana lo llevaron a conocer los alrededores y esa noche, durante la cena, su amigo le dijo:

—Rober, necesito colocar una importante cantidad de droga en México, ¿puedes conseguir quién la venda?

¡En la madre! —pensó Roberto, sintiendo como si hubiera escuchado: "Rober necesito que pongas en serio peligro tu trabajo, a tu familia y tu tranquilidad, ¿me ayudas?" Sin embargo, puso cara de hombre de negocios, tomó aire y dijo:

—Déjame ver a quién puedo contactar, pero necesito regresar de inmediato, esto no debe esperar. Hay que cambiar mi boleto de regreso a México para que salga lo antes posible, en cuanto tenga algo me comunico de inmediato.

El amigo, convencido, lo llevó de regreso al aeropuerto y no volvió a saber nada de Roberto.

De regreso a su trabajo, llegó a las oficinas del programa *Siempre en Domingo* el ingeniero Roberto Basave, que había sido gerente de DEMPLA. Buscaba a Benjamín Hidalgo, productor de televisión, en calidad de representante de la famosa vedette italiana Raffaella Carrà, para proponerle que trajera a México su espectáculo. Vio a Roberto y no disimuló su sorpresa al enterarse que era colaborador de Raúl Velasco y que si éste último aceptaba el negocio que proponía, tendría que ser justamente Roberto quien se encargara de la internación de su estrella.

Todo estaba listo para recibir a Raffaella con más de veinte de sus colaboradores, cuando Roberto se enteró de que tenía que conseguir también la internación temporal de seis toneladas de equipo de audio y luces, diligencia que tenía que hacer en la aduana del aeropuerto.

Encontró que el director de esta institución era nada menos que el general Andrés Puentes Vargas, así que el general lo orientó y todo quedó listo a tiempo. La vedette actuaría en El Patio, famoso centro de espectáculos donde se habían presentado los más grandes artistas extranjeros y nacionales años atrás.

Llegó la noche del gran evento, sólo faltaba una hora para la presentación y ya no cabía nadie en el centro nocturno, cuando le avisaron que no era compatible la corriente eléctrica con los equipos de la artista, que buscara un electricista. ¡En la torre! —pensó— son las diez de la noche. Vio el lugar lleno. Llegó a las instalaciones de la compañía de luz. Sólo se encontraban dos personas a esa hora y una de ellas era el ingeniero responsable, quien le informó a Roberto que necesitaba un convertidor de corriente, que la compañía tenía tres: uno estaba descompuesto, otro fuera de México y el otro estaba en Ciudad Universitaria. Roberto lo convenció para que se comunicara por radio con el operador y consiguió que enviaran ese convertidor a El Patio. La función inició con un pequeño retraso y el mismo Roberto se sorprendió de haber podido solucionar la situación. Quedó muy impresionado del espectáculo, de la belleza y simpatía de la artista, de los trucos que empleaban para simular que emergía cantando del mar, de la perfección de los movimientos de sus bailarines.

Le informaron a Raúl cómo había resuelto el problema y, aunque tenía muy poco tiempo de haberlo contratado, le duplicó el sueldo. Así trajo a Camilo Sesto, Rocío Dúrcal, Ángela Carrasco, Rocío Jurado y Rafael, de España; a Alberto Cortés, Sandro de América, Nacha Guevara y Diego Verdaguer, de Argentina; a Roberto Carlos, Sergio Méndez, Nelson Ned y Denisse de Kalafe de Brasil; a José Luis Rodríguez, el Puma, de Venezuela y grupos juveniles, como Menudo y Los Chicos. Trajo también a Donna Summer y a Olivia Newton John, de Estados Unidos.

Había disfrutado mucho su trabajo en DEMPLA, pues le dio la oportunidad de conocer México y de sentirse libre recorriendo carreteras, pero este mundo de hombres y mujeres admirados, idolatrados, de música, vanidad, magia, le encantó. Cuando iba a recibirlos al aeropuerto, hasta hizo un poco de guarura, todo era emocionante. Se dio cuenta de que parte del éxito de su jefe, Raúl Velasco, además de su disciplina, era que delegaba a la persona más adecuada para cada área de su organización y lograba que cada quién se hiciera cargo de lo suyo, con excelentes resultados. Al formar parte del equipo de Raúl Velasco se sintió entre gente eficiente y organizada coordinada por un buen líder y eso le gustaba, aunque había ciertas cosas con las que no comulgaba, pero sabía que nada era perfecto.

Poco pensaba en su vida anterior, lo conectaban con ella las esporádicas visitas de Luis Elizalde quien, tan importante servicio le había hecho sacando de Lecumberri su pistola. Después de que el Palacio Negro cerró sus puertas, recurría a Roberto para que lo ayudara. Éste llevó a Luis al estacionamiento donde dejaba su auto mientras trabajaba.

—Mira todos esos autos, son de ejecutivos y artistas. Lava sus coches y no cobres, cuando te pregunten cuánto te deben, di que lo que gusten y te van a pagar mínimo lo que pagan en otro lado y más. Algo bueno saldrá para ti.

Luis empezó a ganarse el aprecio de los que dejaban ahí sus autos, lavaba hasta el de Raúl; el mismo señor Velasco organizaba que todos cooperaran para su aguinaldo. Con el tiempo fue mensajero en las oficinas de *Siempre en Domingo*. Tenía su lugar en primera fila en el programa. Una tarde que Roberto salía de la oficina, vio a Luis despedirse sonriendo y se quedó pensando en la narración que le hizo del alboroto que causó su caja fuerte en Lecumberri después de su traslado a Santa Martha.

Raúl Velasco y Roberto

Capítulo XVII

Rumbo a casa, iba recordando sonriente lo que le contó Luis sobre su caja fuerte, después del traslado a Santa Martha.

—No te imaginas, mano, como todos sabían que te habían tendido una trampa para sacarte de Lecumberri, llevaron tu caja al polígono y le pusieron un vigilante las veinticuatro horas, hasta que consiguieran quien la abriera.

Roberto guardaba en esa caja los ingresos que los domingos por la tarde le entregaban de la venta del pan, el refresco y su fuente de sodas, que eran los negocios que más ganancias le dejaban, también lo de la leche, los helados, el hielo, cuyas ganancias le servían en su mayoría para repartir a sus trabajadores. Guardaba también la cuota que daban los que tenían restaurante y tienda en las crujías, cuotas que entregaba al director. Hacía corte cada quincena, repartía y guardaba lo suyo junto a sus mancuernillas, anillos y relojes.

—Cuando por fin consiguieron quien la abriera —prosiguió Luis—, se juntaron un montón alrededor y el director, sus ayudantes, los celadores y jefes de dormitorio tenían una cara que te hubiera encantado ver, Rober, parecía que iban a encontrar un gran tesoro y que van encontrando cien billetes de a peso envueltos en periódico.

Roberto rió de tal manera que tuvo que secarse un par de lágrimas.

Raúl Velasco, por conducto de Rafael Altable, le pidió ayuda a Roberto para manejar las Fiestas de Octubre de Guadalajara. Así que hizo la contratación de los artistas, los esperaba en el aeropuerto, verificaba que tuvieran el audio, las luces y la producción que requería cada espectáculo. Al ver el éxito de esa feria y el gran volumen de personas que atraía —un millón, doscientas mil en un mes—, llevó al presidente de la Feria del Hogar de la Ciudad de México a Guadalajara para que viera la organización y aplicara el sistema. Le propuso presentar un artista diferente cada día. Así se convirtió en coordinador general artístico de la Feria del Hogar en el Palacio de los Deportes. Esa feria recibía un millón de visitantes en un mes, la familia se divertía, comían juntos y disfrutaban la actuación de artistas exitosos que deseaban ver en vivo, pero aquí lo podían hacer a precios muy accesibles, como Lupita D'Alessio, Yuri, María del Sol, Manoella Torres, Yoshio, Tatiana y muchos más.

De izquierda a derecha, Jiménez Cano, Roberto, Raúl Velasco hijo y Alejandro Garza.

Roberto aprendía y propuso al presidente municipal de Tampico llevar el programa *Siempre en Domingo* a su ciudad.

—Eso costaría muchísimo, Roberto —le argumentó.

—Mira, si Raúl menciona la compañía aérea, puedes lograr descuentos muy importantes en los boletos, si Raúl hace sus entrevistas en el hotel donde se hospeden, el costo de las habitaciones también se reduce y te permitimos cobrar veinte pesos la entrada a la

grabación del programa con una asistencia de treinta mil personas…
—y así prosiguió Roberto planteando una fórmula que se aceptó, sin
saber que estaba siendo pionero de un sistema que se sigue empleando
en la televisión actual.

Llevó el programa a Tampico, Coatzacoalcos, Guadalajara y a la
Feria del Hogar en el Distrito Federal. Hizo la Feria de Puerto Vallarta,
Cuernavaca, Metepec y el Carnaval de Veracruz. También la primera
Feria del Hogar Latina en Los Ángeles, California.

En febrero de 1985 nació en su hogar su amado nieto. Cuando
bañaba a ese muchachito agradecía haber podido hacerse respetar
por asesinos para conservar la vida que le permitiera conocer esos
momentos de ternura.

Muchas satisfacciones le dio este trabajo, ganaba bien, lo trataban
como rey en sus viajes de negocios a los estados. En una comida en
el hotel donde se hospedaban en Coatzacoalcos el señor Velasco y sus
colaboradores, uno de los regidores del municipio le pidió a Raúl:

— Señor, ¿no sería posible bajar el presupuesto de los artistas?

Raúl contestó educado, pero firme:

— Todos esos asuntos se tratan directamente con Roberto.

—Mira, hermano —dijo Roberto—, si estudiaste el contrato que
envié, sabes cuál es el punto de equilibrio, ustedes van a ganar mucho
más en imagen que en dinero. ¿Te parece que deberías regatear?

—Claro que no —dijo el regidor, riendo nervioso y otro comensal
preguntó a Roberto en qué universidad había estudiado, a lo que Raúl
se apresuró a contestar: —En la mejor —nadie preguntó cuál era.
Roberto pensó: Sí, en la mejor. Pero también pensó que no era justo
que tuviera que ocultar su pasado, si no había cometido ningún crimen,
aunque ya había aprendido que de las injusticias también se puede
sacar provecho.

Una tarde entró a sus oficinas Alejandro Garza y a manera de
saludo le dijo:

—Qué raro verte pensativo, Rober, tú siempre tan activo.

—Francamente, pensaba en que he logrado buenos ingresos para la
empresa, de los cuales yo recibo muy poco —contestó.

—Pero, el señor Velasco ordenó que se te diera el veinte por ciento
de cada negocio que consiguieras, no me parece poco.

—Solo que Altable me da el tres por ciento.

— ¿Por qué no hablas con Raúl? —dijo Alejandro. Roberto,
después de una pausa contestó:

—No voy a meter en aprietos a quien ha confiado tanto en mí, tú sabes que Altable es su brazo derecho. Nunca he sido delator. Además, me siento capaz de caminar por mi cuenta en el ambiente artístico y de ferias —dijo Roberto y Alejandro se despidió diciendo:

—Yo voy a hablar con Altable.

De la siguiente liquidación recibió el cinco por ciento. Así que, muy agradecido por tantas experiencias y beneficios, decidió renunciar y poner su propia empresa de promociones artísticas, Proyección Estelar, para vender espectáculos y hacer pequeñas ferias. El señor Velasco ordenó para él, una gratificación de un millón de pesos. Diez años colaboro con Raúl. Llegó a preguntarse si hubiera logrado eso sin haber vivido en su palacio.

Inició la construcción de sus oficinas y de su casa en Cocoyoc, que no se planeó como lugar de vacaciones, sino como una segunda residencia. Su familia tenía un lugar muy importante en su vida. Los domingos eran de paseo hasta en dos autos con esposa, hijos, sobrinos, suegra y cuñados. Sentía una gran satisfacción en ser una especie de patriarca. Sin embargo, aunque no quería darse cuenta, había grandes silencios entre su esposa y él. Llevaban más de tres años en la misma casa y la misma habitación, compartiendo sólo el espacio. Se sentía capaz de enfrentar casi cualquier reto, de neutralizar peligros, pero no sabía cómo evitar el desgaste de una relación. Le costaba trabajo complacerla y él sentía que era visto solamente como proveedor, no como pareja, y se refugiaba en su trabajo para no pensar en ello. Le molestaba no entender el porqué de esa insatisfacción que sentía en él y percibía en ella. No tenía intención de divorciarse, pero sí quiso guardar distancia. Cuando la nueva casa quedó lista, sugirió que su esposa y su cuñada, que vivía con ellos, se quedaran en Cocoyoc con su hija menor y su nieto mientras él y sus tres hijos mayores trabajaban en la oficina para reunirse todos el fin de semana. Ella no estuvo de acuerdo, entre ellos se había formado una especie de neblina.

Una tarde Roberto se descubrió en la oficina revisando estados de cuenta que ya había revisado y ordenando carpetas que acababa de ordenar. No tenía la prisa de antes por llegar a su casa. Cuando llegó, vio a su esposa en la sala viendo el televisor.

— ¿Ya cenaste?

— Ya. Respondió ella. Roberto entró a la cocina buscando algo que comer. Permaneció unos segundos frente al refrigerador sin abrirlo, prefirió ir a dormir, no sabía si sentía disgusto o tristeza, hambre o frío, pero sabía que cada día estaba más lejos.

Acordó desayunar con Óscar Ramos, un simpático amigo que quería presentarle a una cantante. Ella acababa de grabar un disco y buscaba una compañía que se interesara en su producción. Aunque Roberto recién había dejado su puesto en Televisa, estaba muy bien relacionado con todas las disqueras que en ese momento eran el primer paso para que un cantante se diera a conocer. Óscar llegó mucho después de la hora programada. Roberto, según su costumbre, llegó unos minutos antes de lo acordado y Dalia Inés, la cantante que le presentarían, a la hora de la cita. Él intuyó que era ella de la que hablaba Óscar: parecía artista. Roberto se levantó, se presentó, la llevó a su mesa y conversaron. Ella explicó que su grabación significaba un último intento de dar un paso adelante en una carrera que le daba para vivir bien y mantener a sus dos hijos adolescentes, pero que tenía aspectos difíciles, no estaba haciendo las cosas como quería y estaba contemplando dar un giro en sus actividades si su disco no lograba un avance. Él la observaba y notaba que se iba relajando mientras explicaba que no quería cantar los mismos temas que todos cantaban y sabían que la gente quería oír. Quería dar a conocer canciones y bailables poco conocidos del folclor nacional que tienen gran belleza, quería cantar y bailar lo que consideraba joyas y presentarse con un ballet. Para eso necesitaba ser más conocida y por eso había hecho esa grabación. Él la vio con simpatía, admiración y cierta curiosidad, pues Óscar le dijo que era hija de una bellísima estrella del cine nacional, actriz y cantante a la que él admiraba y que había sido esposa de Paco Malgesto. Roberto conocía a los hijos de ambos y desconocía la existencia de Dalia Inés, pero se parecía mucho a su mamá, sólo que con ojos verdes. También sabía que la familia de Dalia había logrado gran éxito artístico y el cariño de millones de mexicanos, por lo que le intrigó que recurriera a él.

Flor Silvestre y su hija Dalia Inés

La contrató para actuar en la Feria del Hogar, en el Palacio de los Deportes, después le propuso incluirla en un proyecto para Quito, y se reunieron con los organizadores de la feria de Ecuador y otros artistas. Se hicieron amigos. A Roberto le gustaba esa misteriosa dama de mirada triste, pero no tenía intenciones de conquistarla ni pensó que ella pudiera verlo más que como relación de trabajo, además de que era trece años menor que él, pero empezó a sentir deseos de verla con frecuencia. No solía tener coqueteos o aventuras con las artistas que trataba, aunque le gustaran, porque sentía que eran mujeres a quienes se les ofrecía todo y su orgullo no le permitía exponerse a ser utilizado y hacer el ridículo. Tampoco le gustaba aprovecharse de su posición, como veía que lo hacían muchos otros en sus circunstancias. Había visto en la cárcel abogados y autoridades aprovecharse de las mujeres familiares de los presos y eso le desagradaba. Tuvo oportunidad de hacerlo él también cuando lo visitaba, en su departamento en Lecumberri, Lupita, la bella hermana del Padrote para pedirle ayuda para su hermano, pero no quiso aprovecharse de esa joven. El Padrote estaba en el castigo por haber matado a un preso que le reclamó haberse metido con su mujer. Roberto ayudó a Lupita por la satisfacción de ver alegría en su rostro triste y armonioso. Tiempo después, cuando trabajaba en DEMPLA, llegó a las oficinas Lupita, quien había contraído matrimonio con el procurador de justicia del estado de Guerrero. Se saludaron con afecto y cuando Roberto llevó a su familia a descansar a Acapulco, el esposo de Lupita los llenó de atenciones.

A pesar de no tener intención de vivir una aventura con Dalia Inés, Roberto pensaba en ella con frecuencia, más cuando admiraba y disfrutaba el paisaje desde el balcón de su casa en Cocoyoc. En un viaje de trabajo que hizo en aquellos momentos, intentando alejarla de la mente, tomó una revista del compartimento frente a su asiento en el avión, en las que se promociona el turismo y en la portada de ésta había una enorme dalia, al pie de la cual decía: "la dalia es la flor de México".

Una tarde mientras comían en un restorán de la glorieta de la Cibeles, Roberto le habló a Dalia Inés de los quince años que estuvo en Lecumberri, quería mostrar al verdadero ser humano que incluía esa parte importante de su historia. Ella, intrigada, hacía muchas preguntas y él aceptaba en su interior lo mucho que ella le atraía. Percibía algunas señales que le hicieron acariciar la idea de conquistarla. Su confidencia fue correspondida y la escuchó decir:

—Oírte me hace preguntarme si no he sido menos libre que tú, aunque nadie me haya encerrado. Tal vez un día te hable más de mí.

— Sólo dime si hay un compañero a tu lado —se animó Roberto a decirle.

—Amé mucho al padre de mis hijos y cuando me convencí de que él no me amaba, empaqué a mis niños y mi deseo de ser feliz y me fui. Me subí al tren de la independencia sin saber a dónde me llevaría ni lo caro que sería el boleto. No, no tengo compañero.

Una noche, después de una discusión con su esposa, mientras Roberto preparaba su breve equipaje para uno de sus viajes a Ecuador, la señora entró a la habitación y le pidió que ya no volviera a la casa.

La noche siguiente regresó cansado al hotel en Quito, sintiendo la tristeza de un final y la brisa vivificante de una ilusión. Ese día había escuchado muchas hermosas canciones de esa tierra, tomó el papel y la pluma que encontró en su mesa de noche y comenzó a escribirle a Dalia: "No existe un momento del día en que pueda apartarte de mí... No hay bella melodía en que no surjas tú ni yo quiero escucharla si no la escuchas tú..." Se detuvo bruscamente diciéndose: ¿Qué te pasa, Roberto? eso es una canción de César Portillo de la Luz. Esa noche soñó que en un cielo intensamente azul veía un majestuoso dragón con plumaje de colores, que crecía, y a medida que aumentaba su tamaño, crecía su admiración al verlo. De repente empezó a lanzar fuego. Cuando caía a la tierra lo que el dragón arrojaba, se iba destruyendo el mundo. A su regreso a México, ya no llegó a su casa.

Dalia Inés lo invitó a una comida en El Cortijo, la casa de su familia en la ciudad de México. Llegó con su compadre Galo, los presentaron y Roberto estrechó la mano de ese hombre tan querido y admirado por el pueblo mexicano, Antonio Aguilar, y de su esposa, la bella Flor Silvestre. No le impresionaba conocer y tratar a grandes estrellas, era parte de su trabajo, pero esto era diferente, se trataba de la madre y el padrastro de la mujer que amaba. Tomaron su lugar en la mesa, preparada bajo los árboles de un gran jardín, donde ya se encontraban caras conocidas de la política, de la industria fílmica y otros familiares de Dalia Inés, entre ellos, Marcela y Paco Rubiales. Roberto miraba a la glamorosa Marcela y a Paco que de vez en cuando fijaba en él sus ojos azules y recordó al padre de éstos, al fino amigo, Paco Malgesto, diciendo para sí —¡Lo que son las cosas! ¿Quién me iba a decir cuando me visitaron en la cárcel con su padre aquella dulce adolescente y ese muchachito tímido que me enamoraría de su media hermana?

Después de los alimentos empezó a nutrirse el alma con las canciones que acompañaba el mariachi y que interpretaban los anfitriones y algunos de los invitados. Don Antonio fue a las caballerizas y salió montando un hermoso alazán, pidió que colocaran sillas para los invitados formando un círculo. Entró con el caballo en el improvisado redondel y ordenaba con las piernas y la rienda al bellísimo animal que hiciera una serie de pasos que, según Roberto supo después, eran de la alta escuela española. El alazán saludó a cada uno de los presentes colocando una pata delantera en cada silla, sin tocar a nadie. Después, alguien alabó la belleza de la señora Flor, a lo que Antonio contestó:

—Sí, mi mujer es la más bella de México.

—Para ti, porque para mí la más bella de México es Dalia —dijo Roberto con todo aplomo. Después del incómodo silencio que produjo esta frase, todos rieron y Roberto sintió la mirada de Dalia.

Aunque estaba doctorado en paciencia, le pesaba la espera, sentía urgencia de sentirse dueño de esa flor a la que no entendía, pero a quien quería cuidar, que no se parecía a otras cantantes que conocía, y que admiraba por sus interpretaciones llenas de sentimiento. Una tarde, le pidió que lo acompañara a Metepec, Estado de México, donde se reuniría con las autoridades para planear la feria del lugar. Cuando se quedaron solos, la abrazó despacito con una extraña devoción y la escuchó decir:

—Tú ganas, quiero sentirme siempre como ahora, amorosamente arropada. Tu fortaleza me da paz y tus manos grandes y tibias envuelven y calientan las mías.

— Quiero cuidarte lo que me quede de vida.

— Si ya no puedes seguir adonde estás, puedes caminar conmigo.

Pero sucedió lo que Roberto no imaginó. Su familia se presentó en la oficina y le pidió que volviera a su casa. Se sintió dolorosamente dividido. Lo intentó, regresó unos días, pero entendió que no había marcha atrás, algo se había roto y no era posible repararlo. El intento sólo los lastimó a todos.

Dalia Inés y Roberto

Capítulo XVIII

Roberto salió con Dalia Inés a Ecuador llevando a varios artistas y a un mariachi para la feria de Quito. El director general de la Feria del Hogar había hecho la negociación de la compra de varios locales comerciales para llevar expositores mexicanos al centro ferial ecuatoriano; y la venta de un elenco artístico. Le pidió a Roberto, que era el director artístico de la feria en México, que financiara la compra de los boletos de avión de todos porque no había dinero en ese momento. La Feria del Hogar, que Roberto tanto quería, había empezado a decaer, y pensaba que por avaricia algunos estaban matando a la gallina de los huevos de oro. Sospechaba que algo andaba mal también en ese proyecto de Ecuador, pues en los viajes anteriores habían ido con él el director y otros ejecutivos de FEMAC (Ferias y Exposiciones Mexicanas A.C.) y al llegar la fecha de inicio de la feria de Quito, lo dejaron solo.

Quito, esa ciudad colonial, pequeña, de gente dulce y cariñosa llena de música de rondador de carrizo y cuerdas del bandolín le parecía más hermosa, la atmósfera olía a amor. Dalia Inés ensayó con el mariachi "El Chulla Quiteño" y algunos pasillos tradicionales de esa tierra para alternar con sus canciones rancheras. Roberto estaba feliz por estar con la flor que había conquistado y lleno de una fuerza nueva organizaba todo. Cuando quiso cobrar los honorarios de los artistas, al empezar las actuaciones, le mostraron el contrato donde se acordaba que el elenco lo pagaban los mexicanos. Se dio cuenta de que el director de la Feria del Hogar no había pagado los locales que supuestamente compró en la feria quiteña y prácticamente estaba pagándolos con los espectáculos que llevaba Roberto. No contestaban sus llamadas telefónicas y tenía que pagar honorarios a los artistas y músicos, así como sus viáticos. Lo comentó con Dalia Inés. Se pusieron de acuerdo para resolver la situación y él vendió la actuación de ella en algunos hoteles y bares hasta reunir el pago de los artistas. Trabajaban el doble que el resto de la caravana, en la feria y en los lugares donde sí cobraban. Se esforzaron mucho, pero se le pagó a la gente. El hundimiento de la Feria del Hogar, la mala jugada que le hicieron los que consideraba sus amigos y otras preocupaciones no pudieron restarle dicha al hecho de tenerla a su lado.

Roberto, José Luis Rodríguez y Dalia Inés en Ecuador.

Empezó su vida con Dalia Inés con un viaje para pasar la Navidad en el rancho de la familia de ella, El Soyate, una finca que Antonio Aguilar mandó construir para su amada Flor; estaba como a cuatro kilómetros de Tayahua, la vieja hacienda de sus padres, donde Antonio y cada uno de sus hermanos tenían sus habitaciones.

El frío del invierno y la calidez humana hacían que Roberto se sintiera bien, percibía con gusto la sencillez de esa pareja, los ídolos del pueblo, que había visto en tantas películas y que ahí eran simplemente el padre y la madre, los jefes de familia. Le llamaba la atención su amor a la tierra y le gustaba ver en todos el respeto y un trato afectuoso a choferes, cocineras, caballerangos, a don Chilo, el anciano portero, a Abigail, el jardinero, al vaquero que temprano traía la leche; a todos. Roberto se sentía entre gente buena, con sus sombras y sus luces. Disfrutaba de las mañanas frescas y de cómo se iba llenando el redondo antecomedor de familiares y a la mesa iban llegando las jarras de atole de guayaba, el chocolate, la leche, el café, la nata, las gordas de cuajada, los tamales, los chilaquiles, los dulces de leche y coco llamados greñudas; fruta, jugo, huevos, frijoles, tortillas recién hechas y pan.

Roberto escuchaba atento las anécdotas siempre interesantes de Antonio Aguilar y la risa melodiosa de su esposa Flor. Estaba tan a gusto que no le molestaban los ladridos de varios perritos que siempre rondaban a la familia. Durante uno de estos desayunos, Antonio le dijo a Roberto:

—Bueno, Beto, ¿para cuándo es la boda?

Él se sorprendió, vio que Dalia soltó el tenedor y lo miró. Contestó simplemente:

—En cuanto salga la sentencia de mi divorcio.

Se sintió como un muchacho al que empujaba el padre de la novia a cumplir con ella, cuando él ya tenía cincuenta y cuatro años y estaba acostumbrado a ser el jefe, el protector. Ella tenía tiempo divorciada e independiente, así que Roberto entendió que Antonio sólo estaba mostrando que respaldaba a la hija de su esposa y veía con buenos ojos su relación. Él y Dalia habían pasado una etapa de amigos, más tarde fueron novios y finalmente ella lo aceptó como compañero.

Los hermanos de ella, Marcela, Paco, Toño y Pepe eran amables con Roberto a quien le llamaba la atención ver el cariño que Dalia Inés tenía por ellos siendo medios hermanos. Un mediodía se dirigieron a la orilla del río, unos en automóviles y otros a caballo. Los seguía una camioneta con músicos que no dejaban de tocar a pesar del movimiento del camino. Roberto vivía un día de campo diferente, estaba sentado junto a Antonio, que con amabilidad le hablaba de lo difícil de cultivar la tierra y tener ganado en esa región tan árida, de cómo se cuidaba hasta la última gota de agua, de los árboles que rodeaban la finca para formar una protección de los vientos. Hablaba mientras abría un chile de agua, le quitaba la pata y le ponía sal dentro antes asarlo en el comal. Roberto observaba fascinado descubriendo un mundo diferente, donde la gente se integraba con la naturaleza. Bailaron todos y cantaron casi todos, Antonio, Flor, Dalia, Marcela y Lupita Pineda, sobrina de Antonio. Esa noche, el enamorado le dijo a Dalia:

—Yo podría revivir la Quemada, tan preciosa hacienda abandonada, renovaría el establo y haría un camino más…

—Pero si ni siquiera sabes montar —lo interrumpió ella riendo.

— Para eso están las camionetas.

—No sabes nada de ranchos y el campo es muy distinto a la ciudad, aunque tú seguro aprenderías. Transformas lo que llega a tus manos en pan que alimenta. Roberto la miró. Pensaba en el verso de la canción yucateca que le había escuchado cantar esa tarde junto al río: "Déjame que me embriague con miel de flores, de esa miel con que forjas tu xtabentun". Sólo le preocupaba el enojo de sus hijos. Pensaba dejarlos protegidos: la menor tenía catorce años. Confiaba en que con el tiempo ellos lo entenderían, pues, aunque nunca hubo gritos o peleas frente a ellos, sabía que se daban cuenta de la atmósfera de tensión y desamor entre sus padres. Les dio todo lo que pudo. Le dolía mucho tener que vender su casa de Cocoyoc para dar la mitad a la madre de sus hijos. Se quedó prácticamente sólo con sus oficinas y la fe en sí mismo.

De izquierda a derecha Antonio Aguilar, Roberto, Flor Silvestre, Dalia Inés y Francisco Rubiales.

Pepe Aguilar, Flor Silvestre, Roberto y Guadalupe Pineda.

Regresaron a sortear los no pocos problemas que traía su nueva situación. Los hijos de Roberto dejaron las oficinas, la Feria del Hogar prácticamente colapsó, no le pagaron lo que invirtió en la feria de Quito. Ya en México le ofrecieron a Dalia Inés cantar una temporada en La Nueva Taberna del Greco, un bar en la avenida Cuauhtémoc, la original que estaba en la avenida Juárez se había caído en el temblor de 1985 y en la nueva la contrataban a menudo. Fueron a ver la variedad para que Roberto conociera el lugar. Desde que entró se sintió incómodo, le pareció pequeño. Aquella media luz, el olor a cigarro y esa atmósfera de complicidad le recordaron los cabarets de su barrio. No podía imaginar a su flor en ese entorno y, con su franqueza acostumbrada soltó:

—Esto es un cabaretucho, no es para ti.

—Los dueños me aprecian, me pagan bien y me cuidan de los borrachos, me dan un camerino especial.

—Prefiero pagarte lo que te ofrecen con tal que no trabajes aquí.

—No me voy a enojar por tu propuesta porque creo que lo que quieres es pedirme que no acepte. Esto es parte de mi trabajo. Cantar en la ciudad me permite regresar a casa con mis hijos después de cada actuación. Además, siempre viene algún cliente que me contrata para otros lugares donde se cobra más. Desprecias el trabajo que yo respeto. Admiro tu carácter, tu seguridad, pero a veces eres muy soberbio.

Roberto deseaba que ella pudiera verse a sí misma como él la veía, quería expresarle que no quería que se ofendiera por sus palabras, quiso decir algo que no la enojara, pero sólo dijo:

—No quiero que trabajes aquí.

Presentó a Dalia Inés con Raúl Velasco, éste le dijo a ella sonriendo:

—Si Roberto no se hubiera ido, estaría ocupando mi lugar.

Luego se dirigió a él, viéndola a ella:

—Roberto, ella es tu premio.

Le dio varias fechas en su programa. Roberto la animó, contagiándole seguridad, a presentarse como ella soñaba, con ballet y su concepto. Ella preparó el vestuario con trucos para cambiarse de ropa en plena actuación. Cantó, bailó y tocó la guitarra.

Jorge Alberto Riancho, que conducía un espacio en ECO de Televisa la vio y la invitó a su segmento; su actuación gustó y les propuso a Roberto y a ella hacer un programa semanal, en vivo. Ella preparaba la parte artística, bailarines, vestuario, canciones porque cada semana dedicaba la sección a la música de cada estado de la República. Él siempre junto a ella y proponiendo el espectáculo para ferias, festejos de empresas, palenques y demás. Riancho dio a Dalia Inés libertad para manejar su espacio a su criterio.

Una noche Roberto llevó a su esposa a La Cueva de Amparo Montes, un bar santuario de bohemios. Dalia Inés quería ver la actuación de la compositora Emma Elena Valdelamar, autora de temas muy conocidos como "Mil besos", "Mucho corazón", "Cheque en blanco", grabados por grandes intérpretes. Quería presentarla en su programa, pues decidió ir homenajeando a compositores mexicanos.

Antes de la actuación de la gran intérprete chiapaneca, Amparo Montes, apareció una dama que llenaba ese breve escenario no sólo con su voluminosa presencia, sino con carisma y proyección. Llevaba el cabello suelto, era Emma Elena y empezó a interpretar sus canciones. Roberto estaba feliz recordando esos temas que escuchaba desde joven. Ella comenzó a cantar:

Si logras que yo vuelva a querer,
si logro que tú quieras también
que olvides tu tristeza, tu fracaso de ayer.

Si logras que yo olvide también,
haremos un milagro de amor,
buscando en nuestros besos
el olvido y la fe.

Te ofrezco lo que queda de mí,
te pido lo que queda de ti,
viviendo en el pasado no podríamos vivir.

Mientras ella continuaba, Roberto tomó la mano de Dalia Inés y se miraron hasta que terminó la canción.

Después del homenaje que le hicieron a la compositora en ECO, Roberto convenció a Riancho de grabar el programa fuera del estudio, en la Antigua Hacienda de Tlalpan, el restaurante Enrique y otros lugares que enmarcaban la música tradicional y con ello le dio algo nuevo a ese espacio televisivo.

Boda civil, 15 de agosto de 1990

Dalia Inés, Jorge Alberto Riancho, Roberto, Flor Silvestre en ECO

Jorge Alberto Riancho, Dalia Inés y Roberto

Roberto poco a poco se había ido convenciendo de que cuando se divorció de Dios en Lecumberri, fue cuando empezó a recibir su protección de manera especial, y, aunque no practicaba su religión, intuía un poder divino, amoroso y protector. Respetaba la religiosidad de Dalia Inés e iba conociendo la fe en la que fue bautizado. Él y su pareja, dispareja en muchos aspectos, tuvieron que esperar cuatro años después de su matrimonio civil para casarse por la Iglesia, tiempo que duró el juicio de anulación del matrimonio religioso de Roberto. Durante este tiempo, la vida de éste se llenaba de música mexicana. Trabajaba con su ahínco acostumbrado y disfrutaba ver a su compañera ensayando "Mis blancas mariposas", de Tabasco; "Al son de la marimba", de Chiapas, cantando en tarasco, o en zapoteco, bailar y sonreír.

Seguía vendiendo artistas conocidos para diferentes eventos y hacía placentera su labor, no se separaba de ella, que entendía del temperamento especial de los creativos. Roberto hacía que los viajes de trabajo también fueran de placer. Disfrutaban conociendo lugares y comiendo delicias.

— ¿Te acuerdas de cómo nos prepararon la langosta en Los Cabos cuando llevé a Mijares?

— ¡Hummm! ¿Y qué tal el salpicón de venado en Mérida, con Tania Libertad? —contestó ella.

— ¿Y las tlayudas y el chocolate después de tu actuación en Oaxaca?

— ¡Cómo disfruté esa torta de tamal y el atole la mañana que regresábamos de Temascaltepec!

— Cansados y con sueño.

— Hambrientos y con mucho frío.

— No fue muy buena la ruta que tomé cuando cerraron la carretera.

— Nunca había visto nevar en México.

— La gente te miraba en el mercado con tu traje folclórico y tu torta en la mano a las siete de la mañana.

— Ni cenamos ni me cambié la ropa después del palenque para llegar temprano a casa. ¿Cómo íbamos a imaginar que cerrarían la carretera por la nevada?

Los desencuentros no se debían a las diferencias de edad, carácter, formación o costumbres, ni a los defectos de ambos. A él no le pesaban los que encontraba en ella y le parecía que ella le perdonaba fácilmente lo que no le gustaba en él. Pero Roberto no sabía cómo ser padrastro y padre divorciado y eso era dolor y discusiones. Ella estableció que sería la única que podía corregir a sus dos hijos y que él educaría a su hija menor, la única con la que tenía contacto recién divorciado y que a sus catorce años todavía podía guiársele. Él escuchaba sin entender mucho lo que su mujer decía sobre la importancia de definir los diferentes roles para evitar guerras de poder, sobre el daño que se puede hacer cuando no se corrige a los hijos por sentirse culpable y mucho más, pero sólo pensaba: ¿Por qué hablará tanto esta mujer? Creía en su sinceridad cuando le decía que no quería que se distanciara de sus hijos, que lejos de eso, quería una oportunidad para ganarse su afecto, o al menos su respeto, pero Roberto no lograba que esos seres a los que amaba tanto y que sentía tan suyos, aceptaran y respetaran su nueva vida. Al menos no todos. Extrañaba mucho a su nieto y le dolían los sufrimientos que su ausencia causaba y de los que se enteraba en su diaria conversación telefónica con su hija menor.

Él acompañaba a su Dalia a misa todos los domingos desde que empezó su relación, lo que no había hecho, ni en los quince años de destierro, ni en los quince que llevaba en libertad cuando la conoció. Al principio lo hizo porque no se separaban para nada, pero como Roberto siempre observaba, ponía atención a las lecturas de la Biblia y las explicaciones de los sacerdotes y fue llegando a la conclusión de que la doctrina de Cristo se encaminaba a aprender a amar, de tal forma que asistía con gusto. Así que sabía que su boda religiosa no sería una tradición o un evento social. Se había dado cuenta de que la iglesia católica no concede anulaciones a capricho, como pensaba, sino que busca la forma de que los católicos que están divorciados, y a quienes les importa vivir dentro de la religión que practican, puedan volver a integrarse. Le preocupaba que sus hijos pudieran sentir, con la anulación, que para él no había sido importante lo vivido en su matrimonio con su madre.

—Claro que fue importante —se decía—, ojalá pudiera explicarles que esto es una forma de agradecer a Dios una segunda oportunidad y comprometerme a cuidar este amor que me hace tanto bien.

Pero no pudo o no supo decirlo.

La noche anterior a la boda, al pasar frente a la puerta entreabierta del cuarto del hijo mayor de su nueva esposa, Roberto alcanzó a escuchar que el joven decía a su hermano:

—Agarra la onda, no estés así. ¿No quieres que mi mamá sea feliz?

—Sí, pero siento que él no nos quiere y que me aleja de ella. Además, ella es muy bonita y él es feo.

—Ella está contenta y él no se mete con nosotros.

Roberto siguió su camino hacia su habitación, apagó el televisor, veía a su compañera preparándose para dormir y le dijo:

—Parece que está todo listo, ¿verdad?

— Creo que sí, Rober, el festejo será mucho más sencillo que el de la boda civil, pero estoy llena de alegría porque podré volver a comulgar después de cuatro años. Llegué a creer que no te darían la anulación. Dejé en las manos de Dios la decisión del tribunal.

—Dios sabe lo que nos amamos.

—Lo sé, pero sinceramente anhelo comulgar y no puedo hacerlo si no estoy casada por la Iglesia. Roberto se quedó en silencio unos instantes pensando: —La madre de mis hijos siempre tendrá mi gratitud por la felicidad que me dio, no sé si merezco o no esta nueva vida, pero gracias, Señor.

23 de septiembre 1994

Hicieron cien programas ininterrumpidos de televisión en vivo, dos cada semana. Cuando Roberto presentó el espectáculo de su esposa en el teatro Blanquita, llegaban a Televisa Chapultepec, hacían el primer programa y salían a toda prisa al teatro, él la esperaba en una camioneta con el motor encendido y terminando la actuación Dalia salía con el ballet para ir al segundo programa de televisión. Él disfrutaba el trabajo de su esposa y buena compañera de equipo.

Siempre había tiempo para las celebraciones. Dalia Inés festejó un cumpleaños de su esposo con una comida en su casa, contrató un grupo de música cubana. Después de los alimentos Roberto notó que su mujer llevaba mucho tiempo en la planta alta de la casa y cuando tomó la decisión de subir a buscarla, se escuchó un redoble del bongó que llamó la atención de todos. Asombrados la vieron bajando la escalera con un provocativo traje de rumbera con cola y mangas de holanes y un colorido tocado. Mientras bailaba "Pa'la paloma", Roberto iba reconociendo que había visto en una de sus películas favoritas a su admirada María Antonieta Pons bailando ese mismo tema. Dalia Inés, que siempre amó la danza, sorprendió a su esposo. Cuando terminó, agradeció los aplausos, lo miró sonriente y sudorosa y le guiñó un ojo.

En 1995, Dalia Inés era la secretaria general del Grupo Impulsor de la Música Representativa de México que fundó y dirigía la gran intérprete María de Lourdes. Roberto sabía que su esposa admiraba a esta bella y aguerrida cantadora, a quien llamaban la Embajadora de la Canción Mexicana y las apoyaba en su trabajo para promover el género musical que amaban.

Roberto, María de Lourdes y Dalia Inés

Él, siempre inquieto, quería contribuir y decidió hacer un festival para enaltecer la canción vernácula, refrescándola con nuevas aportaciones. Raúl Velasco había hecho varios festivales y, cuando Roberto le habló de sus planes, Raúl aprobó la idea, advirtiéndole de las dificultades de su proyecto y que no podía usar el nombre Festival de la Canción Ranchera. Dalia Inés le puso "Festival Canto de México" y diseñó el logotipo. María de Lourdes no quiso intervenir porque tanto ella como Roberto eran muy radicales respecto a cómo hacer las cosas. Él se asoció con su compadre Galo y consiguió que las cabezas de la Asociación de Autores y Compositores, Roberto Cantoral y Armando Manzanero vieran con simpatía su proyecto y le ofrecieran apoyo. Lanzó la convocatoria y llegaron a su oficina más de mil canciones de las que se seleccionaron cuarenta y cinco para concursar. Participaron intérpretes con importantes trayectorias como Humberto Cravioto, la Prieta Linda (tía de Dalia Inés), Valentina Leyva, Alberto Ángel el Cuervo, Zoila Flor, Rosenda Bernal, Valente Pastor, Lena y Lola y muchos más, así como nuevos cantantes. Él gozaba el alboroto que había despertado, tenía trabajando, creando a los mejores arreglistas, compositores y músicos y lo que escuchaba, lo que se iba amasando, le gustaba, le entusiasmaba. Se llenaba un restaurante de la Zona Rosa de fotógrafos, periodistas y participantes que acudían a los desayunos que Roberto hacía para promocionar el festival. Como pensó que si concursaba su esposa habría suspicacias, le encomendó a ella la conducción de las tres eliminatorias y que actuara con su espectáculo en la final y semifinal, mientras el jurado decidía los tres primeros lugares. La Asociación Nacional de Locutores le otorgó a Dalia un reconocimiento por su trabajo como maestra de ceremonias.

Roberto estaba feliz, le parecía que había puesto a competir a pájaros pretenciosos, de trinos seductores, de plumajes llamativos, acostumbrados al elogio por ser distintos y, por eso se crecían y cantaban mejor aún. Vivió esa nueva experiencia asombrado por el efecto que provoca la competencia en un artista orgulloso y con talento. En el escenario había vestidos de telas vaporosas, huapangos y sones, lentejuelas, trajes de charro, jaranas y polkas, sombreros y rebozos. Le embriagaba escuchar esas voces broncas e inocentes, que reclaman, acarician y emocionan.

El primer lugar lo ganó una canción de Mario Molina Montes interpretada por Jorge Macías. Cuando Roberto recibió el CD que grabó con las doce mejores nuevas canciones, se lo acercó sonriente a la cara para aspirar su olor a éxito. No sentía que era un hijo, como escuchaba decir a los cantantes, sino un delicioso pan que él aportaba para alimentar el amor a nuestra música.

—Qué lástima que sea tan difícil promover la música de México aquí, ¿verdad? —comentó Roberto a Dalia.

—Mjm —contestó ella.

—Y qué complicado es tratar con tantos cantantes en un solo proyecto. ¡Qué vanidosas son las cantadoras!

Ella lo miró unos instantes y él continuó:

— Bueno, no todas.

Intérpretes y arreglistas en un desayuno a la prensa

Roberto, Irma Dorantes y Dalia Inés.

Dalia Inés aceptó la invitación de una organización altruista para ir a cantar al penal de alta seguridad en Almoloya de Juárez. La acompañó con la guitarra su amigo y maestro Rubencito Esparza, quien era también su director musical en todos los programas que hizo para ECO. Se había ganado el afecto de Roberto, era de los hombres que, si hubiera sido su compañero en la cárcel, hubiera escogido como amigo. Rubén perdió la vista en un accidente cuando niño, pero Roberto siempre sintió que veía más que muchos, lo percibía más completo que a otros.

La tarde de la actuación en Almoloya, el asistente del maestro era el Ciclón, un bigotón de metro y medio de estatura, con muy buena voz, siempre con chaleco y sombrero tejano. Roberto le pidió al Ciclón que, si Dalia le pedía que cantara, no se le fuera a ocurrir cantar uno de sus corridos de narcos. Desde que empezó la revisión del vehículo, Roberto experimentó una extraña urgencia de entrar y de alejarse de ahí al mismo tiempo. Veía una enorme distancia entre los registros en Lecumberri, donde se revisaba en exceso sólo a los que iban a la F, o a las mujeres que habían sido delatadas de llevar droga en condones y la rigurosa revisión en Almoloya. Pasaron por muchas puertas con sofisticados mecanismos, no se abría la siguiente si no se cerraba la anterior y fueron conducidos a un pequeño auditorio circular rodeado interiormente por un muro de custodios armados. Cuando Roberto llegó al Palacio Negro había doscientos vigilantes para todos los internos y, cuando se fugó Fidel Corvera Ríos, había sólo cincuenta, un vigilante cubría varios puestos. En ese auditorio evidentemente sólo estaba una parte de los internos. La atmósfera no podía ser más tensa, Roberto recordó los espectáculos que llevaban al Palacio a un auditorio grande, que también era cine y a donde asistía toda la población. Se sentó a ver la actuación de su esposa junto a los exiliados. La guitarra del maestro Esparza derramaba notas melancólicas que acompañaban, adornaban, se unían a la voz de ella como en un romance apasionado y el Ciclón, que guiaba al maestro y cargaba su guitarra, estaba ahí, quietecito, en medio de ellos en el escenario. Roberto pensaba, recordaba y no podía dejar de compadecer a ese público. Salieron de ahí y se le hizo raro sentirse muy cansado. De regreso pasaron por un tramo de terracería en medio de dos milpas que alumbraban una enorme luna llena. El Ciclón conducía la camioneta del maestro, la cómplice de Roberto se quitó los zapatos de tacón, lo miró, le dio la mano y así estuvieron en un silencio elocuente y respetuoso hasta que llegaron a casa. Él se sintió acompañado y libre.

Llevó el espectáculo de su esposa a muchas ferias y a algunos palenques, que en esa época disminuyeron drásticamente en número y ya no presentaban coestelares de música vernácula. Riancho murió muy joven y su espacio en televisión desapareció. Roberto seguía vendiendo otros espectáculos aparte del de su mujer, pero muchos cambios se fueron dando en el país y en el ambiente artístico: a las disqueras ya no les interesaba contratar a nuevos artistas ni promover a los que tenía, los adelantos en la tecnología las iban asfixiando. En las ferias ya sólo se contrataba artistas los fines de semana, en lugar del mes completo. A Roberto le preocupaba su libertad económica, su esposa se hacía cargo de las necesidades de sus hijos, pero el trabajo iba escaseando. A veces le pedían la actuación de ella sola con el mariachi, pero Dalia Inés tenía un concepto diferente al de otras cantantes de su género que implicaba pagar boletos, hotel y alimentos para veinticinco personas.

Roberto diseñó una gira por la República y por algunas ciudades de Centroamérica para llevar el espectáculo de su esposa, mariachi, ballet, un cómico, un tenor y ella. Tenía pensada la fórmula, con un patrocinador y todos los detalles. Enviaría a una persona en avanzada a promover con el disco en las radiodifusoras. Lo conversaron y ella comentó que implicaría dejar a sus hijos demasiado tiempo y que prefería salir para cada actuación y regresar, como lo había hecho, aunque eso conllevara menos imagen y menos dinero. Él ya tampoco quería tantos viajes, pero le costó entender el sentido del éxito de su compañera. Ella buscó una fuente alterna de ingresos, le pidió a su hermano Paco, traductor de series y películas para televisión, que le enseñara a usar el programa de cómputo que se necesitaba para que ella, también traductora, trabajara en eso. Roberto le compró una computadora y lo necesario. Durante varios años Dalia alternó esta actividad con sus actuaciones. Su esposo veía que no hacía falta mucho dinero para que los dos tuvieran una vida llena de risas, experiencias y momentos de grata paz.

David, Laura, Dalia Inés, Jorge García, Lídice y Julio César Vázquez en el Tenampa

Capítulo XIX

Roberto rentó el Teatro Metropolitan de la ciudad de México para que actuara Dalia Inés con su espectáculo.

— ¿Por qué te preocupas tanto, mi amor? —le dijo—, creí que te iba a dar gusto.

—No quiero que te arriesgues siendo empresa. Tendríamos que llenar el teatro para pagar a todo el elenco, la renta de la sala, la publicidad y obtener alguna ganancia.

— ¿Por qué no confías en ti?

— Sé que mi espectáculo vale, pero no soy tan conocida como para llenar el teatro.

—Tú prepara lo tuyo, podemos contratar a Zepeda, el amigo de Virgilio, es muy bueno para promover eventos y tiene gran poder de convocatoria con la prensa.

— ¿Sabes, Rober? —dijo Dalia, después de pensarlo un poco— acepto, voy a ir a todos los periódicos, al radio, a la tele, a todo lo que programe Zepeda. Voy a pedir el apoyo de la Asociación Nacional de Charros y a enviar correos electrónicos. Ella decidió grabar las canciones que más amaba para dejar a sus hijos y amigos y para apoyar su presentación en el teatro. Su hermano Pepe se enteró y le ofreció su estudio e ingenieros.

Inició el espectáculo con el cuadro que Dalia montó para dos tenores y dos sopranos con el fin de mostrar la belleza de la música de Manuel M. Ponce y de Tata Nacho, verdadera poesía musical mexicana. Seguía el recorrido que ella hacía por la tradición musical del país. Entraría cantando desde la sala, sorprendiendo y saludando al público. Roberto la esperaba en el punto acordado, el mariachi tocaba la introducción y el ballet salió al escenario. Dalia no llegaba al lugar de su entrada, así que su marido empezó a angustiarse. En ese momento la vio llegar corriendo, nerviosa, sofocada con su vestido de jarocha, micrófono, rebozo y abanico, apenas a tiempo para entrar en el compás indicado. Luego se enteró de que ella, ya lista, abrió una puerta que suponía conducía al lobby del teatro. Al ver que se había equivocado, quiso regresar, pero alguien la había cerrado y el pánico la invadió, golpeaba y gritaba y nadie la escuchaba, hasta que Guillermo, su hijo que había entrado a desearle éxito y la buscaba, la escuchó y abrió esa puerta. Sólo alcanzó a decir: Gracias, mi héroe y corrió hacia la sala.

Faltó poco para que se llenara el teatro, el público aplaudió de pie. Al caer el telón, entró Roberto al escenario buscando abrazar a su Dalia entre mariachis, coros y bailarines y la vio con el rostro enmarcado por sus flores y lleno de lágrimas y sudores alternando abrazos entre Jorge y Julio. No se perdió dinero y se ganó en buenas críticas y satisfacciones. Se fueron a festejar al Café Tacuba con algunos amigos después de la función. Galo felicitó a Dalia y agregó:

— ¿Qué le haces a mi compadre? Se ve muy contento y es menos brusco al hablar.

— Nada, Galito, la gente va cambiando. Me acuerdo que la persona que estaba vendiendo la casa de Roberto en Cocoyoc me dijo un día: Dile a tu esposo que no se enoje. Yo aclaraba: No se enoja, así habla, pero, la verdad, sí era brusco.

Memo Saad intervino:

—Hasta lo llevas a misa.

—A ver, Memo, ¿honestamente crees que alguien puede obligar a Roberto a hacer lo que no quiere?

—No, pero qué pérdida de tiempo es eso de ir a misa, ¿no dices que Dios está en todas partes?

—No voy a hablar contigo de religión, mi querido ateo, siempre quieres escandalizarme, pero ya te he dicho que eres más católico que algunos que se confiesan creyentes, porque amas mucho, amigo mío.

Roberto escuchaba y sonreía.

— ¿Por qué, después de tanto tiempo juntos, siguen tomados de la mano? preguntó Galo.

Roberto contestó:

—Ay, compadre, si lo que existe entre ella y yo no es como un coche que se desgasta y se descompone.

—No se nos acaban las ganas de estar cerca —dijo Dalia Inés — y si nos enojamos, pedimos perdón.

—Yo jamás escuché a mi compadre pedir perdón a nadie —
aseguró Galo.

—Nunca es tarde para aprender —afirmó Roberto —, hasta
aprendí a usar la computadora y el celular y creo que me costó más
trabajo esto último. También aprendí que la suavidad no es debilidad.

Galo se dirigió a todos en la mesa:

—De veras me sorprende, tiene a su mujer en casa, andan juntos
en las actuaciones y, cuando está en la oficina la sigue viendo en sus
videos, ¿no es el colmo?

Todos rieron.

Cuando Roberto despertó al día siguiente, ella ya no estaba en la
habitación y él se puso a saborear el recuento de los acontecimientos
de la noche anterior hasta llegar al atole de canela y las tostadas de
pata en el Café Tacuba. Es cierto, he cambiado, se dijo. Había entrado
al mundo a veces raro de su compañera. Sentía que estar con ella era
como disfrutar una melodía que tenía algunos compases que dolían,
pero no quería dejar de escuchar.

En el Metropolitan

También había ido cambiando con la convivencia lo que Roberto sentía por Virgilio y Guillermo Ruan, los hijos de su esposa. Al principio, al notar que ellos tenían buena relación tanto con su padre como con su madre y que respetaban la nueva relación de su mamá, no veía lo que ellos sufrieron con el cambio que él trajo a sus vidas y sentía que era suficiente para que ellos lo aceptaran, amar, proteger y respetar a su mamá. Tuvieron algunos roces, pero Roberto aceptó la decisión de su esposa de dejar que sólo ella se encargara de la corrección y guía de sus hijos. Los cuatro contaban con poco tiempo libre, pero, a veces iban al estadio Azteca juntos y convivían en las reuniones familiares. En cumpleaños y navidades había regalos de todos para todos. Los muchachos empezaron a trabajar desde muy jovencitos, mientras estudiaban. Virgilio, el mayor, periodista, apasionado del deporte, del rock y de los viajes, siempre traía de lugares lejanos algo para su madre y para Roberto y a menudo les obsequiaba entradas a conciertos de José Luis Perales, de Joan Manuel Serrat, Miguel Bosé, Paul Anka y artistas que sabía que ellos admiraban. Guillermo estudiaba Derecho mientras trabajaba en una notaría, era cariñoso con su madre y no se metía con Roberto. Lo que éste sentía por los hijos de su esposa se fue transformando en afecto y admiración.

También aprendió a querer a sus cuñados, muy diferentes entre sí y muy amados por Dalia. Cuando Pepe Aguilar se presentó por primera vez en el Auditorio Nacional de la Ciudad de México, Roberto veía a su esposa sumamente nerviosa porque faltaba poco para que iniciara el espectáculo y aún quedaban lugares vacíos. Finalmente se llenó el recinto y Roberto admiró el talento de su cuñado reflejado en la producción, en la música que compuso para la apertura, las imágenes proyectadas en el escenario y en las pantallas laterales, su voz e interpretación. Escuchaba cómo la gente identificaba sus temas desde la introducción. De repente le preguntó a su esposa:

— ¿Por qué lloras? Esto es un premio a su talento.

—Me emociona su sensibilidad —dijo ella—, este oficio te arrebata muchas cosas, Rober y no siempre te retribuye. Estoy feliz por él.

La relación de Roberto con su cuñada Marcela Rubiales también fue cambiando. Primero la veía como la hija de su amigo, más que como a una cuñada y tenían discusiones por pequeñeces que se fueron desapareciendo. No sé por qué dice mi mujer que Marcela se molesta porque soy presumido, si sólo digo lo que pienso, se decía. Siempre asistió a la misa y serenata en el Panteón Francés que, para recordar el aniversario de la muerte de su padre, Paco Malgesto, organizaba Marcela. En estas reuniones Roberto disfrutaba convivir con las amistades de su cuñada y de Paco hijo: Guillermo Saad, Lola Pérez López Portillo, Silvia Mingramm. Ingresó a una especie de clan de personas que rendían pleitesía a la amistad.

Marcela, Paco y Dalia Inés no compartieron un hogar, empezaron a frecuentarse hasta que fueron adultos. Roberto sabía que la familia de su esposa era un poco diferente. Dalia vivió con su abuela materna sus primeros años, un tiempo con su tía Raquel, un tiempo con su tía Mary y otro en un internado de monjas. De niña se encontró con Marcela y Paco en escasas ocasiones. La carrera llena de viajes de su madre hizo que pasara sólo temporadas con ella, pero siempre la protegió. Roberto sabía que Dalia veía a su hermano Antonio como el príncipe de Tayahua, un hijo muy esperado e importante, al que amó con ternura desde que nació, aunque convivieran poco, pues lo llevaban a las giras. También Pepe fue un hermano muy amado y ella comentaba que a pesar de las circunstancias especiales no eran niños consentidos, o malcriados. Cuando Pepe, el menor, era muy pequeño Dalia se casó con el padre de sus hijos.

Con Marcela y Paco Rubiales, con Antonio Aguilar
Jiménez, con Pepe Aguilar y Aneliz de Aguilar.

Una mañana fría de febrero Roberto iba con su esposa a Chalco, a un desayuno en la casa de los primos Martha y Cheyo. Había dormido poco porque la noche anterior había presentado a Manoella Torres en un restaurante-bar. Iba en medio de los laguitos de Xico disfrutando la vista del cielo limpio y muy azul y de los volcanes nevados. Llegaron y se acomodaban en una de las mesas en el jardín de la casa cuando Roberto vio que su mujer contestaba su celular.

Observó que, con una expresión de aflicción y miedo arrojó el teléfono al pasto. Le había avisado Virgilio que su sobrina Marcelita, única hija de su hermana, había perdido la vida en un accidente. Roberto, con su fortaleza, apoyaba a su esposa y a su cuñada, veía mucho dolor y muchas muestras de amorosa amistad. Él y Dalia se encargaron de las diligencias legales. Marcela otorgó el perdón al conductor del vehículo donde viajaba su hija. Roberto veía a Dalia intentando proteger a Marcela como una fiera a su cachorro de los efectos, a veces terribles de la necesidad de aliviar un gran dolor y recordó el enojo que había experimentado cuando no pudo evitar la muerte de un joven preso al que, recién ingresado a Lecumberri, hirieron en ambas piernas con una "punta" y se desangró. En la enfermería no había la sonda indicada para una transfusión. Roberto mandó comprar lo necesario, pero cuando llegó el material, el joven había muerto. Estaba en la cárcel por un delito menor y su padre le había pedido a Roberto que lo protegiera. Tampoco pudo hacer nada por Marcelita, más que estar junto a su familia.

No necesitaba entender a su compañera para amarla. Le seguía pareciendo un misterio. Trató a su padre biológico, Andrés Nieto Villafranco. Ella lo conoció ya siendo adulta y su relación fue casi nula. Andrés se casó con la señora Flor por el civil y por la Iglesia cuando ella tenía catorce años, Dalia nació en Santa Fe, Argentina, cuando su madre tenía diecisiete. Roberto conoció a Andrés y le pareció un hombre inteligente y audaz. Era promotor artístico, como él. Andrés inició las famosas Caravanas de la Corona que continuó manejando Guillermo Vallejo. Promovió a Roberto Carlos y a grandes artistas. Vivió en Brasil algún tiempo y tuvo varios matrimonios y muchos, muchos hijos. Hizo fortunas y las derrochó.

Roberto acompañaba a Dalia Inés a inyectarlo y a llevarle alguna ayuda cuando estaba enfermo. Estaba convencido, por experiencia, de que no se puede amar a un padre con el que no se convivió y que, a veces, hace menos daño un progenitor ausente. Pero no entendía por qué Dalia lo visitaba y lo escuchaba con paciencia.

—Sé que trajo dolor a la vida de mi madre —le dijo un día—, entiendo que ella no quiera que se hable de él ni que se sepa quién fue mi padre, pero ¿cómo puedo lamentar que se encontraran, si por ese encuentro existo?

Un cumpleaños de Roberto, el veinticinco de enero de 2007, su amado hijo dejó su cuerpo lastimado por varios años de diabetes. Sufrió mucho viendo que la vida de su muchacho estaba llena de dolencias y limitaciones y que se le iba escapando, con grandes sufrimientos de su madre y hermanas. Este padre mortificado veía con admiración cómo su hija mayor, exitosa en su trabajo y protectora, se hacía cargo con amor y dedicación de la enfermedad de su hermano. Las tres le prodigaban tiempo y generosos cuidados. Roberto tuvo una conversación de amoroso perdón con su hijo, poco antes del final. Cuando el dolor de su pérdida le hacía difíciles las noches, su flor de Dalia le decía:

—Duérmete, yo te cuido.

Y dormía mejor.

Sólo unos meses después, murió Antonio Aguilar. Roberto sabía que había terminado una bella vida, que se iba un hombre excepcional que cumplió con una encomienda. Estrechó la mano del presidente de la república, Felipe Calderón, cuando éste fue a dar el pésame a la familia en la funeraria. —Mucho gusto, señor presidente —dijo reconociendo que sí le emocionaba estrechar la mano de un primer mandatario de su país. En la Misa en la Basílica de Guadalupe, Roberto se estremeció ante tantas muestras de cariño y dolor de miles de personas. Sentado junto a él estaba el licenciado Miguel Alemán Velasco, Roberto lo vio y recordó cuando visitaba a Mariles en la cárcel y le sorprendió ver que el licenciado lo reconoció y saludó afectuosamente. En un vuelo privado viajó con la familia, acompañando a don Antonio a su tierra, al lugar en su rancho donde eligió descansar.

Desde el aeropuerto de Zacatecas recorrieron más de cien kilómetros en medio de una ininterrumpida valla humana hasta la loma desde donde se contemplaban las tierras que tanto amó. Roberto sintió respeto y admiración por la entereza de Toño, Pepe y la señora Flor. Sabía que Dalia siempre había querido y respetado a don Antonio, pero que había tenido un disgusto con él. Ella le confió a su esposo que en una de las visitas que le hizo en terapia intensiva le presentó su cariño, gratitud y admiración y oró con fe junto al único padre que tuvo. A Roberto le seguían pareciendo impredecibles las reacciones de su esposa ante determinados acontecimientos, a veces la veía fuerte y a veces lloraba por nimiedades, pero estaba seguro de que sufría mucho esa pérdida y le dolía la pena de su madre y de sus hermanos. Recordó cuánto la vio padecer la muerte de su amiga María de Lourdes.

Había escuchado en un noticiero que en el aeropuerto de Ámsterdam, un infarto había acabado con el apasionado corazón de esa gran cantante. Dalia estuvo en la despedida que le hicieron en la plaza Garibaldi, cantó junto a su cuerpo repatriado y envuelto en su rebozo verde de Santa María. Mil mariachis la recibieron tocando "Cruz de olvido", la canción de Juan Záizar, con la que el pueblo la identifica. Roberto veía como los ojos de su esposa lo buscaban entre tanta gente y con un asentimiento con la cabeza, él le decía que entendía el esfuerzo que hacía para cantar en esos momentos tan difíciles. También él estimaba a María de Lourdes, la admiraba porque sabía ser amiga y por su carácter fuerte.

Roberto había adoptado amigos y parientes y se sentía apreciado. El doctor Humberto Moreno Bonet, ginecólogo de su esposa, también contaba con su afecto. Un día le dijo ella:

—Rober, me gustaría que hablaras con el doctor Moreno, le pregunté cómo se sentía ahora que está probada su inocencia. Está herido por la injusticia que sufrieron él y su familia y no sabe si demandar a los que lo acusaron. Quisiera que le dieras tu opinión.

El doctor había sospechado que su hermano había sido envenenado y pidió la exhumación del cadáver. La autopsia reveló rastros de un veneno y la persona responsable fue a la cárcel. Por alguna razón esa persona salió y acusó al doctor del crimen, causando muchos problemas y meses de angustia para él y su familia. Sin embargo, quedó libre de toda sospecha, salió de su escondite, volvió a su trabajo y a su familia. Roberto conversó con el doctor que ignoraba su experiencia en Lecumberri. Después de esa larga plática el doctor le dijo: - Ya no dudo, prefiero olvidar el asunto para continuar con mi bendito trabajo de aliviar y traer nuevos seres al mundo y para disfrutar a los míos. -

Roberto vendió el espectáculo de la India María para tres plazas de toros en Ecuador. Actuarían también toreros enanos y Dalia Inés cantaría sola con el mariachi. Un día antes de su salida se encontraba resolviendo algunos problemas para evitar la cancelación de la presentación. No saldría del país si no estaban pagados sus artistas. Ya habían enviado los boletos de todos y sólo faltaba un pequeño porcentaje del pago de la actuación. Estaba con su esposa en Elektra recibiendo esos últimos dólares, que le enviaron por ese medio ante la amenaza de cancelar el evento si no recibía lo que faltaba. Él y Dalia esperaban para poder avisar a la gente si salían o no, cuando les dieron la noticia de la muerte del padre Antonio Gutiérrez, un amigo que Roberto respetaba por sabio y congruente y por su sonrisa dulce y sincera cuando los veía llegar. Era director espiritual de Dalia y de sus hijos y fue quien celebró su matrimonio religioso.

—Me duele mucho perderlo —le dijo a Roberto su esposa llorando—, creo, estoy segura de que ya cumplió su misión, que ya está mejor que aquí, pero no puedo evitar esta tristeza. Así que, salieron a trabajar sin poder estar con los miles de amigos y familiares que despidieron al padre Antonio Gutiérrez, misionero del Espíritu Santo, doctor en teología, autor de varios libros.

La noche de la actuación en Ambato, Ecuador, terminó con satisfacción y cansancio, después de haberse resuelto muchas pequeñeces: conseguir el burro que no habían obtenido para la actuación de la India María, según el contrato; organizar la recolección de celulares del público, pues la artista no quería ser grabada ni fotografiada, calmar el enojo de su esposa porque el mariachi no llegó a tiempo para ensayar y cambiar de hotel a la India y su gente, pues ella quería uno más discreto que el de gran turismo que él había pedido. Después de todo eso, en la calma de su habitación, Roberto preguntó:

— ¿Cómo te sientes, amor?

— Por el espectáculo, agotada y contenta; por el padre Antonio, huérfana; triste por mí y feliz por él.

Roberto había desarrollado una especie de mecanismo para adormecer el dolor, sin embargo, no había logrado la inmunidad ante la muerte de algunos. Esa noche estaba triste. Recordó que una ocasión cenaba en su departamento en el pueblo de exiliados con el comandante del cuerpo de vigilancia, el teniente coronel Núñez Chávez. Llegó el comandante de la compañía en servicio para informarle que no se daba el toque de fajina porque faltaba un interno. Roberto y el comandante fueron a la crujía, se estaba recontando al personal cuando uno de los ayudantes gritó: —¡Ya lo encontré, ya lo encontré! —Roberto caminó decidido a la colonia (el fondo de la crujía), de donde venía el grito, seguido del comandante, llegaron a las celdas donde estaban los artículos de aseo y dentro de un tambo con agua sucia estaba el cuerpo de Miguelito, el Conejo. Tenía veinticinco años, estaba comisionado como galero en la sala de defensores, buscaba a los internos que tenían visita de su abogado. Roberto no se había endurecido lo suficiente para ver con frialdad el hallazgo.

El Conejo corría al encuentro de la esposa de Roberto para quitarle las bolsas con comida y acompañarla hasta la panadería. Era servicial y a Roberto le simpatizaba porque sonreía con frecuencia. Como el muchacho no era de pleito, no esperaba ese crimen que nadie pagó.

El tiempo y sus circunstancias seguían transformando a Roberto, aunque había rasgos de su personalidad que el tiempo poco podía cambiar: no creía en los doctores ni en los mecánicos. Cuando estaba sufriendo un infarto, le dijo a Dalia:

— Mi amor, creo que ahora sí me siento mal.

Dalia lo miró con atención, suspendiendo lo que hacía en la oficina de un gimnasio que administraba y le dijo:

— Explícame qué sientes.

Roberto, de pie frente a ella contestó:

—Algo raro en el estómago, como que se me traban las quijadas y me duele un poco el hombro izquierdo. Dalia tomó las llaves del coche, la bolsa, a su marido y se fue al hospital más cercano.

Capítulo XX

El hospital más cercano era modesto, pero Dalia movilizó a todo el mundo, llamó a su hijo Guillermo, quien cerró el gimnasio e hizo algunas diligencias. Al día siguiente todo estaba bien, Roberto fue atendido a tiempo, su fortaleza asombró a los médicos, los estudios revelaron el lugar del infarto al miocardio y dieron indicaciones. Cuando Roberto despertó, vio a su esposa observándolo sentada frente a él y le dijo:

—Me obligaste a quedarme aquí y no era necesario que no durmieras, los doctores te dijeron que debía quedarme sólo por sacar dinero, no creo que haya sido infarto.

Su cuerpo iba envejeciendo, pero no lo abandonaban las ganas de dirigir proyectos, coordinar gente, organizar espectáculos.

Llegó cerca de las dos de la tarde al Cortijo, la casa de su suegra en México. Caminaba por el sendero adoquinado al lado del jardín y recordó la primera vez que había estado ahí en aquella reunión en la que conoció a la familia de Dalia Inés. Le llegó el olor a yerba, a tierra húmeda, a amor. Vio a lo lejos a la bella madre de su mujer, apenas cinco años mayor que él, abrazando el tronco de una enorme araucaria y disminuyó el ritmo de su andar hasta quedarse quieto para no arruinar lo que le pareció un momento como de oración. Israel, su inseparable asistente, en silencio estaba junto a ella. Roberto sabía cuánto amaba esa dama los árboles que plantó junto con su esposo en esa finca que había pertenecido al ex presidente de México Adolfo Ruiz Cortines. El hijastro de don Adolfo era rejoneador y vivió con la pareja presidencial, por eso ese lugar tenía dos casas divididas por el jardín, caballerizas, un picadero y un ruedo. Antonio y Flor plantaron muchos y muy diferentes árboles que traían de otras partes. Allí crecieron Toño y Pepe y ese sitio lleno de recuerdos se iba a vender, era demasiado grande para dos personas (Flor y Toño). Roberto pensó que la señora se despedía de sus amigos de hojas verdes y esperó unos segundos. Cuando estuvo cerca, ella le dijo: —Dalia acaba de llegar, entró a ver si ya está la comida.

Caminaron hacia la casa, ya estaban en el comedor Antonio hijo, Dalia y Raquel y Lidia, sobrinas de doña Flor. A la hora del postre, Roberto le dijo a su cuñado:

—Traigo en mi coche el CD que me diste con la recopilación de tus canciones y cada vez te admiro más, eres un gran cantante y caballista. ¿No te gustaría presentarte con el espectáculo ecuestre en el DF, en el Palacio de los Deportes, donde tuvieron tantos éxitos? Harías lo que has hecho desde niño.

—Ese era esencialmente un espectáculo familiar, faltarían mi padre, mi madre y Pepe —dijo Toño.

—Yo actúo contigo —dijo la señora Flor.

Toño, después de breve pausa, le dijo a su hermana Dalia:

— ¿Entrarías también tú con tu revista?

Apenas unos días antes ella le había dicho a Roberto que ya no quería cantar para el público. Así que su marido la miró esperando su respuesta:

—Claro, cuenta con nosotros —contestó.

Roberto agregó:

—Te voy a proponer para que se presenten antes de la fecha que tiene Roger Waters. Hoy en la noche te mando a tu correo electrónico una propuesta de lo que le cobraría a la empresa por tu espectáculo y lo que nos costaría el elenco, equipos de luces, sonido, conductor, mariachi y traslado de los caballos. El Palacio se haría cargo de los impuestos y la publicidad. Me dices si estás de acuerdo, o me señalas los cambios que quieras hacer.

Esa noche, a solas con su compañera dijo:

—Qué bueno que aceptaste, no entiendo por qué ya no quieres cantar, si lo haces mejor que antes.

Ella, sentada junto a él en la cama, tocó su mentón y movió su rostro hasta verlo de frente y le dijo:

—Canté para sostener a mis hijos. Me dedicaba a hacer traducciones cuando mi tía Mary, que programaba artistas para ferias y eventos, me ofreció pagarme lo que ganaba en un mes traduciendo, si cantaba en un evento en Guanajuato. Me animó con su cariño de siempre. Así empecé a vender mis actuaciones. Fue un regalo extra descubrir que el aplauso premia las experiencias dolorosas que me hacen interpretar con emoción real. Y que cantar y bailar vestida de México me daba gran placer, orgullo y satisfacción. No espero que me entiendas, porque ni yo me entiendo, pero créeme, mi canto me dio más de lo que esperaba, no soñé con ser famosa, soñé con ofrecer un espectáculo más completo y generoso que el de Amalia Hernández, o el de Silvia Lozano, combinando mi interpretación con la danza y otros elementos que mostraran lo que somos como pueblo. Tú me ayudaste a hacer lo que quería en mi carrera, pero el espectáculo no era mi motor. Yo sólo quería encontrar mi lugar. Tú sabes que hemos tenido hermosas satisfacciones, sólo que ya es hora de dejar ese camino y hacer otras cosas en el tiempo que me queda. Pero estaré con mi hermano y daré lo mejor de mí para adornar su talento.

Con trajes típicos

—Por primera vez vas a actuar en el espectáculo ecuestre de Antonio Aguilar —dijo Roberto—, recuerdo los ríos de gente esperando entrar al Palacio de los Deportes para ver a tu familia, antes de que yo entrara como director artístico de la Feria del Hogar.

Dalia diseñó el cartel y los volantes. Hizo el programa, organizó los ensayos con los bailarines y los charros que practican el floreo de reata, los floreadores. Él preparó la rueda de prensa, entrevistas, la negociación con la empresa, los ensayos con el mariachi, seguridad, choferes, ayudantes y traslado de los caballos. Roberto sabía que Antonio Aguilar con su espectáculo ecuestre, Flor Silvestre y sus hijos Antonio y Pepe, fue el único artista hispano que llenó el Madison

Square Garden de Nueva York seis días seguidos; que había llevado, con éxito, la charrería y tradición musical de México al extranjero, trasladando valiosos caballos en avión. No quería ninguna falla.

Llegó el día, en el área de camerinos había algarabía, muchos nervios, hasta los perritos que acompañaban a la señora Flor estaban inquietos. Como Toño y Dalia Inés admiraban al viejo roquero Roger Waters, ya tenían los boletos para asistir, unos días después, con sus hijos a verlo en ese mismo escenario. Toño, siempre bromista, le dijo a su cuñado:

—No sé si dejar un letrero en el baño de mi camerino, que será el de Roger, que diga *Aquí estuvo Toño Aguilar,* o simplemente hacer pipí en la pared, para marcar territorio.

Roberto se rió y les pagó a todos antes de comenzar la función.

La Chorcha, el maestro de ceremonias del espectáculo de la familia Aguilar por muchos años, un chaparrito conocedor de las suertes del floreo de reata y de caballos, contagiaba entusiasmo presentando cada número salpicando chistes. La función comenzó con una demostración de floreo a pie y a caballo acompañada de un popurrí de sones jaliscienses. Después, Roberto escuchó la introducción de "El Sinaloense", que le iba provocando una euforia porque era el inicio de la actuación de Dalia y vio cuando ella y sus bailarinas entraron al ruedo ondeando vigorosamente sus enormes faldas coloridas con encaje de bolillo. No se cansaba de ver cómo se transformaba ella cuando actuaba; le parecía otra mujer, llena de pasión, que dejaba salir a borbotones sus sentimientos por la garganta. Cantó y bailó música festiva que despierta el orgullo de pertenencia e interpretó temas de corazones heridos. Se vistió de acateca, de tamaulipeca, de jalisciense y de jarocha y regaló su voz y sentimiento enmarcados por el trabajo de su equipo, sus amigos, el coreógrafo Julio César Vázquez, el ballet Nuestras Raíces y Jorge García, el Caporal, tenor de hermosa voz bravía. Se improvisó para Dalia un pequeño camerino muy cerca del ruedo para que tuviera tiempo de hacer los cambios de vestuario. Roberto sonreía satisfecho con los aplausos que se ganaron Dalia y su equipo y veía la cara de sorpresa de la Chorcha y de muchos que no habían visto actuar a su esposa. Siguió el toque cómico con la actuación del imitador Carlos Donald. Después actuó Marcela Rubiales, que con su simpatía, su glamur y sus tablas se ganó el aplauso.

Enseguida Roberto vio salir, esta vez sin su caballo, a la hermosa Flor caminando lento, pero majestuosamente con una túnica negra bordada en pedrería, sonriendo y agradeciendo los aplausos y gritos de bienvenida, admiración y amor. Roberto sonreía pensando que era una justa retribución por tantos años de cantar la música de su país. Él la miraba pensando que sus cerca de ochenta años no habían podido destruir su belleza, su voz única y su calidad interpretativa. Admiró a la gran artista, pero más a la madre que apoyaba a su hijo Antonio, que al igual que Pepe habían aprendido a cantar antes de poder pronunciar bien las palabras. Roberto sabía que ese lugar tendría que traer para ella el recuerdo de su amado compañero de vida y de escenario.

Por fin Antonio Aguilar hijo salió a la arena montando un caballo de piel rosa y crin blanca. Fue recibido con aplausos y un sonido de cariño de miles de personas, cantó como había hecho muchas veces, años atrás, en ese mismo ruedo, alternando sus caballos. Roberto observaba desde la orilla del redondel junto a Dalia Inés que aplaudía emocionada a su hermano.

—Debe de estar venciendo la nostalgia por mi papá y se ve con energía más que suficiente, a pesar de haber sido operado del corazón —dijo ella.

Pepe Aguilar estuvo al pendiente desde donde trabajaba, mandó su personal de seguridad a su madre. Fueron dos horas y media de función, un éxito en todos sentidos. Roberto experimentó una especie de embriaguez de satisfacción porque demostró que pudo llevar a cabo su idea de conjuntar esos valiosos elementos artísticos. Qué alegría le dio ver que resultó mejor de lo que había imaginado. Ya entendía más esa sensación de euforia, cansancio, sed y hambre que se experimenta después de una actuación, el otro lado del espectáculo, la magia, los nervios, la entrega. Recordó cuando años atrás vio a Antonio Aguilar padre ser recibido por su familia y empleados en ese mismo camerino estelar, al terminar su actuación, con una toalla al cuello, el rostro sudoroso y enrojecido, el chaquetín empapado. Después de quitarse la ropa húmeda dijo a su gente:

—Ahora sí, diez minutos de halagos.

Roberto sentía cómo todos tenían presente al fundador de ese espectáculo que había recorrido con éxito muchos países. Se hicieron otras funciones ahí y otra en la feria de Pachuca, pero Toño no quería exponer la salud de su madre y decidió dedicarse a los invernaderos que tenía en su rancho y hacer de vez en cuando presentaciones cantando solo. Roberto sabía que, a pesar del éxito del espectáculo, no podía seguir, consciente de que todo tiene un tiempo, pero deseaba que hubiera sido una experiencia importante para su esposa.

Un atardecer en la sala de su casa, Roberto veía sentado en su sillón frente al ventanal cómo la lluvia bañaba la pequeña fuente de cantera y las macetas en el patiecito adoquinado. Recordó que el día de su boda civil en ese mismo lugar estaba el maestro Esparza con su guitarra, Javier Martínez cantando y tocando el arpa, Pacheco con el salterio y Efrén con el guitarrón. Tocaban las canciones que a su mujer más gustaban, mientras la peinaban y maquillaban en su habitación. Le costaba trabajo creer que habían pasado veinticinco años desde aquel día. En esa sala familiares y amigos muy cercanos presenciaron el acto de valor de dos que querían estar juntos, para, después ir a festejar a una antigua hacienda cerca de ahí. Recordó la alegría que había sentido al atravesar con su esposa ese enorme jardín seguidos por la mirada de los arrogantes pavos reales que parecían desearles felicidad extendiendo sus hipnóticas colas.

No pensaron en un festejo por el aniversario XXV, tenían muchos momentos placenteros sin planear y no querían uniformar algo tan único para ellos. Suspiró. Su vista pasó del ventanal al retrato de la boda de Guillermo Antonio, colgado en la pared y recordó a Dalia Inés bordando con hilo dorado durante un mes su vestido verde para la boda de su hijo. Cuando Guillermo Antonio organizó su matrimonio ya tenía algún tiempo de no vivir con ellos y había alcanzado un lugar de mucha responsabilidad en el Consejo de la Judicatura Federal. Roberto pensó que no podría asistir a la ceremonia porque iría el ex esposo de su mujer, pero cuando ella le preguntó a su hijo si quería que asistiera Roberto, Guillermo le contestó que estaría de acuerdo con lo que ella decidiera. Así que Roberto pudo contemplar a su esposa caminar al altar del brazo de su muchacho y se sintió orgulloso de ella.

Antes de la boda civil con el maestro Esparza

La lluvia seguía acompañándolo suavecita, cerró los ojos y recordó la tarde lluviosa de junio cuando habían entrado a su casa tres pedacitos de su corazón con rostro de mujer. Empezó a inflamarse su pecho con una agradecida alegría. Llegaron con sus compañeros de vida y su nieto amado. Veía en sus expresiones el reflejo de su carácter aguerrido y en sus ojos, amor por su padre y respeto por Dalia Inés. Por fuera se hablaban cosas cálidas y poco trascendentes, pero por dentro, Roberto escuchaba su propia voz: —Están aquí, después de veintitantos años de desear y temer este momento, preguntándome qué hacer para que se diera, y se da sin provocarlo y se dio y no pasó nada, simplemente nada—. Volteó a ver a Dalia que le dijo que lo **entendía** sólo con una sonrisa que los demás apenas notaron.

Sin proponérselo y suspirando, empezó a hacer un recuento de su vida.

—Quince años en el Palacio Negro, Rober —se dijo.

—Y salí vivo.

— ¿Cómo puedes sentirte agradecido con Lecumberri, si estuviste pagando lo que no hiciste?

— Porque si no hubiera estado en el Palacio Negro, no hubiera conocido a la madre de mis hijos, ni a tantos hombres de los que aprendí, ni a Raúl Velasco que me presentó la oportunidad de tener éxito en el mundo raro que encontré al salir, ni a Celina.

—Pero no puedes hablar a cualquiera de tu pasado sin sembrar la duda, o sin que te compadezcan.

—Claro, si lo que la gente cree saber de Lecumberri es que era un nido de corrupción y de miseria humana.

—No todo lo que dicen es mentira.

—No, pero yo encontré cosas buenas y hasta puedo decir que tuve momentos felices.

—Saliste de la cárcel y nadie te dijo *usted disculpe* y quedaste marcado con un antecedente penal.

—Pero obtuve el respeto, la admiración y el afecto de muchos y fuera de la prisión viajé y conseguí bienestar y bellas experiencias para mí y los míos.

—Sin embargo te duele haber dado a tus hijos un padre que estuvo preso, aunque sea como resultado de la injusticia. Es cierto que agradeces esa sinrazón que te abrió la puerta a un mundo al que, de otro modo, nunca hubieras accedido, pero te molesta mucho lo que se ha escrito de Lecumberri.

—Sí, no sé cómo hay quien ha escrito sobre el Palacio Negro y no encontró nada positivo. No entiendo cómo Revueltas vio tantas cosas que le inspiraron *El apando*, si nunca estuvo en otra crujía que en la circular uno, que era para presos políticos. ¿Por qué tanta sordidez y bajezas? Mi familia nunca sufrió esas revisiones humillantes y yo conviví con muchos hombres que, a pesar de haber cometido algún delito, tenían un lado luminoso. Revueltas habla de un celador que al llegar a su casa entregaba a su esposa un montón de billetes arrugados, fruto de los actos de corrupción de ese día en el Palacio. Si se les daban monedas, de a cinco, de a veinte centavos y sólo por algo grande se llegaban a dar billetes.

-- Quizás sea que los escritores tienen permiso de mezclar la realidad con su fantasía. Leíste que Dolores del Río, jurado del XXIV Festival Internacional de Cine de San Sebastián, dijo indignada que la película *El apando* era una enorme porquería arropada en el lábaro patrio. Sin embargo, es posible que todos los que han luchado y lo siguen haciendo por los derechos de los pobres y por eso protestan escribiendo, haciendo películas, exponiéndose, también lo hayan hecho por gente como tú. Pero, ¿De veras no te importa la injusticia que sufriste?

—Salí ganando. Estoy seguro de que no hubiera conocido a mi Dalia si no hubiera vivido todo eso. Pero me hubiera gustado compartir mi fórmula para sobrevivir en el encierro. Al menos contar mi experiencia.

— ¿Para qué, mi Rober? De nada sirvió el proyecto que hiciste llegar al presidente Luis Echeverría. Quién sabe en qué basurero fue a parar. ¿Cómo puede ser difícil entender que lo mejor que le puede pasar a un preso es que la ley lo obligue a trabajar? Estaría ocupado, generaría su sustento, podría dar algo a su familia y no tendría tiempo para tirarse al drama, o para volverse loco. A los niños no se les pregunta si quieren ir a la escuela, se les lleva y no por eso se violan sus derechos humanos. En mi Palacio trabajaba el veinticinco por ciento de la población.

—Al menos intenté hacer algo, mi proyecto era bueno, una panadería escuela en cada delegación para que los presos que salieran tuvieran trabajo y aprendieran un oficio.

Seguía lloviendo cuando llegó ella sacudiéndose y riendo.

—No me mojé mucho, no te preocupes —dijo— traje teleras para hacernos unas tortas de milanesa. ¿Te prendo la tele? ¿Te platico o te leo?

—Lee un rato, mi vida, quiero saber si se entrega ese Raskolnikof que ya me está cayendo gordo.

Mientras ella se preparaba para la lectura, él pensó:

Estoy muy cerca de los ochenta, tengo el amor y la compañía de mi cantante de ojos tristes, recuerdos, la mayoría gratos. Me felicito por haberme controlado cuando pude haberme vengado y por no haber caído en la tentación de traficar con droga en la cárcel que hubiera sido tan sencillo cuando recibía costales de harina, azúcar granulada y azúcar glas. No maté ni hice daño a nadie. Todavía puedo comer lo que se me da la gana y con más tranquilidad que muchos millonarios y políticos.

La escuchó decir:

—Me encanta cómo se mece la palmita con la lluvia. El sonido del agua es un buen fondo para la lectura, pero no te duermas, ¿eh?

—Pensaba en Lecumberri —dijo Roberto—, en lo que hizo de mí.

—Yo creo que llegaste ahí equipado con un buen corazón y carácter de triunfador, dijo ella, pero Lecumberri te enseñó a sobrevivir y hacerte respetar, entre otras cosas. Cuando te conocí me empeñé en descubrir qué te hacía ser tan positivo y seguro de ti, si te habían robado años de tu vida, mientras que yo sufría de libertad. Me gustó tu fortaleza, tu forma de mirarme con admiración sin sumisión, tus deseos de complacerme.

— ¿Por qué me hiciste esperar entonces?

—No estaba segura y tenía miedo.

—Yo sólo sé que dejé todo porque me enamoré de ti.

Ella se puso los lentes con una sonrisa y leyó en voz alta:

"¡Señor! ¿Es posible que no exista la justicia aquí abajo? ¿A quién defenderás si no nos defiendes a nosotros...? En fin, ya veremos. En la tierra hay jueces y tribunales. Presentaré una denuncia. Prepárate, desalmada... Poletchka, no dejes a los niños. Volveré en seguida. Si es preciso, esperadme en la calle. ¡Ahora veremos si hay justicia en este mundo!"